自卑與超越

生命對你意味著什麼

Alfred Adler

WHAT LIFE SHOULD MEAN TO YOU

阿爾弗雷德・阿德勒 著
曹晚紅 譯

CONTENTS

目錄

前言 8
內容摘要 23

第一章 生命的意義

生命對於我們的意義 32
人生的三大聯繫 35
社群情懷 40
童年對人生的影響 45
童年記憶 54
合作的重要 59

第二章 心智與身體

心智與身體的交互作用 62

情感如何影響發展 67
性格與體態 85

第三章
自卑感和優越感

自卑情結 92
追求超越 102
設立有意義的目標 108

第四章
早期記憶

理解早期記憶 120
關於早期記憶的六個案例 125
行為的根源——早期記憶 140

目錄 CONTENTS

第五章 夢

關於夢 150
佛洛伊德學派與夢 152
個體心理學派與夢 156
夢的構成 161
常見的夢 168
案例分析 170

第六章 家庭的影響

母親的影響 184
父親的角色與責任 199
家庭星座 207

第七章
學校的影響

教育的變革 130
教師的角色 232
教室裡的合作與競爭 239
天賦與習得 244
區分孩子的性格 253
諮詢委員會的任務 258

第八章
青春期

什麼是青春期 264
青春期的掙扎 267
性意識的萌芽 276
正視青春期 282

目錄 CONTENTS

第九章 犯罪及預防

犯罪心理 286
罪犯類型 302
合作的重要 315
犯罪問題的解決方案 331

第十章 工作與生涯

如何平衡三項生命任務 344
生涯的早期探索與學習 347
影響生涯選擇的因素 351
對待工作與生涯的態度 356

第十一章 個體與社會

人類為群體而奮鬥 362
利己主義 366
社群情懷與社會平等 374

第十二章 愛情與婚姻

愛情、合作與社群情懷 378
如何預備婚姻 383
不適合結婚的人 395
婚姻觀與人生觀 403

阿德勒年譜 410
中英譯名對照 413

阿德勒的生平

阿爾弗雷德．阿德勒一八七〇年出生在維也納的一個猶太家庭。他是六個孩子中的第二個，當他三歲時，弟弟就在他旁邊死去。阿德勒從小患有佝僂症，使得他在四歲以前都無法走路。四歲時，又患上了肺炎，躺在病床上時，他聽到醫生對父親說：「你將失去這個孩子。」這些不幸的經歷，使得年幼的阿德勒在心理上，始終籠罩著對死亡的恐懼和對自己軟弱無力的憤怒。因此，他從小便立志長大後要做一名醫生，以抵禦死亡的威脅。

阿德勒在家中排行老二，有一個表現很出色的哥哥。

由於童年患有佝僂症，阿德勒有點駝背，身材矮小，相貌又普通，使得他總是覺得自己不如哥哥而深感自卑。他對哥哥抱著強烈的競爭態度也是眾所皆知的。他最初在學校時成績平平，後來在父親的不斷鼓勵下，通過自己的勤奮努力，終於成為班上成績最好的學生之一。這些童年的經歷對他日後心理學思想的形成產生了巨大影響，他後來提出克服自卑感和追求優越是人格發展的動力，與他本人的早年經歷有著密切關係。

阿德勒後來實現了童年抱負，進入維也納醫學院就讀，並獲得醫學博士學位。畢業後，他被派往一所軍隊醫院繼續服完他剩下的半年義務兵役，然後回到維也納醫院從事眼科醫生的工作，後來又從事神經病學和精神病學研究。

阿德勒行醫生涯的早期是一名眼科醫生，但很快地便轉換成一名全科醫生，並且在維也納一處有遊樂園和馬戲團的地區成立自己的診所，因此他的病患中也包含了馬戲團人士。有些人認為這些馬戲團表演者不同於常人的生理特徵或缺陷，啟發了阿德勒對器官缺陷與心理補償的見解。

一九〇二年，維也納的《新自由報》發表了一篇文章，抨擊佛洛伊德的《夢的解析》一書。阿德勒仔細讀了該書之後，發覺很有價值，於是寫信給該報公開聲援佛洛伊德。佛洛伊德深為感激，邀請他參加每週三固定召開的「星期三精神分析協會」，這是精神分析運動的開端。

一九〇七年，阿德勒出版《器官缺陷及其心理補償的研究》一書，受到佛洛伊德和協會成員的讚賞。由於他的傑出表現，一九一〇年，佛洛伊德推薦阿德勒擔任維也納精神分析協會第一任會長，並負責該協會刊物《精神分析學刊》的編輯工作。阿德勒便成為佛洛伊德最早的同事之一，與佛洛伊德度過十年的合作時光。

阿德勒從一開始就不是佛洛伊德的忠實信徒，兩人之間也從未建立親密的個人關係。阿德勒顯然一開始就認為自己是佛洛伊德的同事而不是弟子，而佛洛伊德則把阿德勒視為自己的信徒和門生，他不能容忍他心目中的弟子對他的學說有任何懷疑和偏離。一九〇七年，阿德勒發表了一篇論述由身體缺陷引起的自卑感及其補償的論文並獲得了很大的聲譽，此時佛洛伊德還認為阿德勒的觀點是對精神分析學的一大貢獻。但是，當阿德勒進一步發展自己的觀點並認為補償作用是理論的中心思想時，佛洛伊德便不能容忍了。

兩人在理論方面分歧越來越大。一九一一年，阿德勒連續發表三篇文章，闡述他對精神分析性本能的反對，強調社會因素的作用，正式與佛洛伊德決裂。最後阿德勒辭去協會主席之職，率領一群支持者退出了維也納精神分析協會，另外成立了「個體心理學協會」。從此，阿德勒致力於發展和實踐其個體心理學思想，他與佛洛依德兩人再也沒有見過面。

雖然阿德勒與佛洛依德的關係勢同水火，可是阿德勒仍然非常敬佩佛洛伊德關於夢的理論，並且讚揚他將科學方法運用在臨床診斷上。然而，即使是關於夢的解釋，阿德勒也有自己的理論和臨床方法。阿德勒和佛洛伊德之間的主要區別，在於阿德勒的論點，即社會領域（外部性）對心理學的重要性與內部領域（內部性）一樣重要。權力和補償的動態範圍不僅限於性，性別和政治也跟性慾同樣重要。

第一次世界大戰期間，阿德勒擔任奧匈帝國軍隊的醫生。在這期間，他孕育了新的思想，提出「社群情懷」這一重要概念，並將自己的全部精力都投入到探索發展人類的社群情懷的途徑上，希望通過培養人類的社群情懷來避免戰爭悲劇的重演。同時，他還將工作重心轉向實際應用，力圖通過實踐來發展其個體心理學。

一九二〇年代開始，他在維也納建立了許多兒童指導診所，指導問題兒童解決學習和生活問題，同時還對教師和家長進行培訓。與此同時，阿德勒已經吸引了眾多的追隨者，許多人到維也納學習個體心理學，他也經常受邀到歐洲各國演講。一九二六年，他應邀訪美並受到了熱烈歡迎，並在一九二七年成為哥倫比亞大學客座教授。一九三五年，由於納粹的迫害，阿德勒決定永久定居美國。一九三七年，阿德勒應邀前往歐洲講學，卻在一次演講旅途中，因心臟病突發，猝死於蘇格蘭的阿伯丁，享年六十七歲。

本書的主要觀點

《自卑與超越》自從一九三一年首次出版就受到好評，多年來不斷再版。做為阿德勒的後期作品，此書有系統地體現了個體心理學的基本觀點，通過大量實例，從教育、家庭、社交、倫理、婚姻等多個領域闡明了人生道路的方向和人生意義的真諦，幫助人們正確面對自卑感和缺陷，成功追求職業生涯、融入社會和理解生活。

不同於佛洛伊德忽視了有關人生意義的問題和未來的理想對人生的作用，阿德勒卻以這些問題做為其理論的核心。與佛洛伊德強調性本能是人類行為的動力觀迥然不同，阿德勒運用自卑感、優越性、虛構目標和社群情懷來描述人類行為的動力特徵。他認為人類天生就具有自卑情結，這種普遍存在的自卑感，是個體行為的產生與發展的最原始的決定力量。個體在自卑感的推動下，不斷彌補不足，尋求優越和完善。

全書共分十二章，分別論述了十二個主題，即生命的意義、心智與身體、自卑感和優越感、早期記憶、夢、家庭的影響、學校的影響、青春期、犯罪及預防、工作與生涯、個體與社會，以及愛情與婚姻。阿德勒圍繞這些主題，闡述了書中幾個重要觀點。

—追求優越—

追求優越是人們行為的根本動力，既是與生俱來的，也是後天發展出來的。人在剛出生時，它只是潛能，但從五歲開始，便開始確立優越的目標，以帶動心理的發展。追求優越和自卑感是密切聯繫的，是對自卑感的補償。

雖然每個人追求的目標不盡相同，但都有一個共同的特徵，就是不斷克服自卑和追求優越。個體在追求優越的同時，形成了自身的生命風格。生命風格是個體存在的獨特方式，是統一的自我在社會生活中尋求表現的獨特方式。一個心理健康的個體會形成正確的生命風格，表現出對社會的關注，發展自身的社群情懷。

—自卑與補償—

自卑與補償是追求優越的動力根源。人在嬰幼兒時期，在生理、心理和社會三方面都處於劣勢，需要依賴成年人才能生存，他們由此必然產生自卑和補償。當然，這種自卑與補償在大多數情況下是正常的健康的反應，可以驅使人們實現自己的潛能。但是，如果不能成功地進行補償，就會產生自卑情結，導致心理疾病的發生。

阿德勒在書中指出，生命的意義在於奉獻，在於對他人產生興趣和相互合作。只有那些對他人產生興趣而又決心要對社會有所貢獻的人，才能使自己鼓起勇氣向前邁進，從而超越自卑。

然而，並不是所有人都能夠超越自卑，其關鍵在於如何正確地理解生命的意義，如何正確地處理人生的三大任務。那些自幼就患有器官缺陷或者被寵溺、受忽視的兒童，在以後的生活中很容易形成錯誤的生命風格，走上錯誤的道路；家長和教師應該培養兒童對他人和社會的興趣，使他們真正認識到「奉獻乃是生活的真正意義」。這樣，他們才能夠從自卑走向優越，對社會有所奉獻，實現人生的價值。

生命風格

個人追求優越目標的生活方式稱為生命風格。生命風格是因人而異的。阿德勒認為兒童到五歲左右便形成了生命風格。其家庭關係、生活條件和經驗決定了他今後一生的生活特點。他提出三種研究途徑：早期記憶、夢的分析和出生順序。

在所有心理現象中，最能顯示生活奧祕的是個人的早期記憶。當阿德勒在與患者或學童一起工作時，他非常重視對早期記憶的分析與解釋。他寫道：「在所有的心理表現形式中，最能揭示真相的便是個人的記憶。」早期記憶之所以特別重要，在於它是一個人的生活哲學或生命風格的隱喻，並為其以後的生活和選擇，提供了追溯源頭的線索。

夢是人類心靈創造活動的一部分，夢的功用在於解決生活中遇到的問題。每個人都與社會緊密地聯繫在一起，人類生活在社會的「意義」範疇之中。職業生涯、社會人際和愛情婚姻是每個人在生活中必須要面對的三大任務。生命的意義不是為了追求個人的優越，而是在於渴望建立美好生活的需要，以及如何滿足人類和諧友好的生活。

阿德勒指出，在家庭中，父母對子女教養的方式或給予的關注，會根據子女的出生順序而變化，兄弟姊妹之間也常常因為要爭取父母的愛而相互競爭。因此，長子的性格特徵是聰明、有成就需要、但害怕競爭；次子喜歡競爭、有強烈的反抗性；最小的孩子有雄心、但懶散、難以實現抱負。獨生子女的性格類似於長子，因為其競爭對手往往來自學校的同學。

一 社群情懷 一

社群情懷是指對所有社會成員的一種情感，或是對人類本性的一種態度。是個體為了社會進步而不是個人利益，而願意與他人合作。阿德勒認為社群情懷是人類本性的一部分，植根於每個人的潛能之中，因此，必須先發展社群情懷，才能形成有用的生命風格。

阿德勒強調，社群情懷做為一種潛能，根植於每個人身上，它不僅只是對親人、友人的情感，還可以擴展到社會乃至整個宇宙。阿德勒指出，可以通過人們的職業選擇、參與社會活動和愛情婚姻這三大任務的解決情況，來衡量個人社群情懷的發展狀況。三大任務的順利解決反映了個體具有豐富的社群情懷，反之則是缺乏社群情懷。缺乏社群情懷的人會產生兩種錯誤的生命風格：一種是優越情結，另一種是自卑情結。

—— 創造性自我 ——

阿德勒認為，每個人在形成自己的生命風格時並不是消極被動的，而是能夠根據自己的經驗和遺傳積極地建構它。創造性自我能夠使我們成為自己生活的主人，決定了人的心理健康與否、社群情懷是否正確。

在一定意義上說，阿德勒本人的成長史就是一部個體心理學的發展史，他的人生是其個體心理學思想的最完美詮釋。他終生都在戰勝自卑，追求超越，創造自我，奉獻社會。他不單純是在建立一種個體心理學的理論體系或一個學派，他的工作目標更是要塑造一個獨特完整的人，引導人們克服自卑與困難，追求至善至美，尋找人生和生活的真諦。阿德勒帶給人們的是一種對生活的理解和對生活的態度，他堅持樂觀向上的人生觀，指導人們形成自己獨特的生命風格，幫助人們成就一個有創造力的自我，努力激發人們關愛他人和關心社會。他的宏偉藍圖就是希望所有人都能了解「生活中的心理學」，希望所有的父母都以民主和鼓勵的方式教育孩子，希望所有的教師都積極地培養學生的自信心和自尊心，希望所有的兒童都能健康快樂地成長。

內容摘要——

生命的意義——

人生的三大聯繫

我們無法脫離地球表面去生活

我們不是人類的唯一成員，我們要和別人產生聯繫

人類有兩種性別，個體和群體生命的存續都依賴於此

社群情懷

對個體來說，職業、社交和性涵蓋生活中的所有問題

所有失敗者幾乎都缺乏歸屬感和社群情懷

合作是防止病態發展的重要保障

心智與身體——

心智與身體的交互作用

身體與心智是不可分割的整體

心智支配著身體，預見行為的方向

心智發展的重要性

心智也能影響大腦

生命風格和情緒傾向會不停地影響身體

自卑感和優越感——

自卑情結

當無法解決問題時更容易有自卑情結

自卑情結的表現：憤怒、眼淚、緊張、道歉

自卑感本身不是病態，它是人類進步的動力

追求優越感

對優越感的追求是所有人類的共性

每個人都會有的優越感目標是屬於個人獨有的

發狂的人經常表現他們的優越感目標

童年與早期記憶——

童年對人生的影響

因器官缺陷而感受到壓力的兒童中，許多是失敗者

被寵壞的孩子長大之後很可能成為危險群體

被忽視的孩子不擅長與別人交往，常常無視合作的存在

早期記憶

記憶最能顯露個人的祕密，且記憶不是偶然的

人們只會記憶對他的處境極具重要性的事件

早期的記憶最富啟發性，它能表現出個人的基本人生觀

夢——

夢的解析

佛洛伊德學派的心理分析，常常超出科學範疇

個體心理學派的解釋基於常理

夢的特徵

夢主要是由隱喻和象徵構成的

做夢時和清醒時，人格都是相同的

夢的目的是欺騙自己，並自我陶醉

清醒之後我們通常會把夢忘掉，但留有夢中的感覺

家庭的影響——

母親的影響

嬰兒降生之初最重要

孩子會時時刻刻吸引母親的注意

父親的角色和責任

初期關係並不密切，影響比母親晚且更大

把父親當成偶像崇拜，或當成最大仇敵

父親和自己的父母、兄弟姊妹相處得好，對孩子的合作能力更有利

家庭星座

在孩子面前，夫妻之間的情感表現不宜太露骨

長子通常受到大量關注，習慣成為家庭的中心

次子從出生起便面對競爭者，更容易和別人合作

最小的孩子競爭者最多，成就更容易超過其他孩子

學校的影響——

學校的責任

學校是家庭的延伸，教師要做的事情更像母親

跳級或是留級，都是弊大於利的

教室裡的合作與競爭

相較於合作，孩子更喜歡競爭

不用通過考試，學生就能對彼此的能力相當了解

在受到嘉獎或讚賞時，更加極積去學習

青春期——

青春期的心理特徵

證明自己已經不再是孩子

認為青春期是一切事物的終結

青春期行為的目的

表現獨立性

要求和成人平等

表現男子氣概或女性特質

青春期——
青春期的掙扎
對成年期生活準備不足，覺得異常恐慌
青春期的失敗者大多是小時候被寵壞的
犯罪及預防——
犯罪心理
犯罪源於對安全感的追求
罪犯對別人都不感興趣，他們只有有限的合作能力
如何矯治犯罪行為
罪犯的行為也是人類行為的延伸
找出罪犯在兒童時期的合作障礙
父母在子女面前的抱怨會妨礙孩子社群情懷的發展

工作與生涯——

職業的早期訓練

母親是第一個影響子女職業興趣發展的人

職業訓練的第二步是由學校執行的

影響職業選擇的其他因素

早期的努力是成功的最佳基礎

人們都想超越父母和家庭中的其他成員

愛情和社會問題也是影響職業的一大因素

個體與社會——

政治和社會運動

不合作，每個人都無法通過政治達到目的

應該以能否擴展人類對同類的興趣來判斷其價值

社群情懷與社會平等

家庭和學校的目標是教育孩子成為全體人類中平等的一分子

人生的使命是用合作方式解決人生三大問題

愛情與婚姻——

愛情與婚姻的重要性

愛情和婚姻都是合作的一面

學會怎麼做才不會惹怒對方

愛情與婚姻的前提

心心相印，對彼此身體的吸引

生兒育女的共同願望

夫妻是平等的夥伴關係

第一章

生命的意義

所有人類都生活在三個聯繫之中，因此在生活中我們也必須顧及這三大聯繫，面對起因於這三大聯繫的問題與困難。我們常常被強迫必須回答這些問題、處理這些困難，因為它們總會源源不斷地出現，而我們也會在各自的答案中，找到個人對生命意義的解讀與概念。

生命對於我們的意義

人類生活在「意義」的國度裡。我們經驗到的環境從來不是環境純粹的樣子，而是我們帶著經驗去認知、去感知的環境。甚至這些經驗的起源，也是受到人類需求所局限。比如，我們所說的「木頭」意味著「與人類實際生活相關的木頭」，「石頭」指的是「做為人類生活要素的石頭」。一個人如果試圖脫離「意義」而將自己沉溺於純粹的環境中，那是非常不幸的。他把自己和別人孤立開來，他的任何行為，不管是對別人還是對自己都一點用處也沒有；簡單說，他的行為毫無意義。但是，沒有人能夠逃離意義。我們所體驗到的現實，其實並不是現實本身，而是我們人類賦予現實的意義，也就是我們對現實的理解。因此，最後得出這樣的結論也是理所當然的——每個人感受到的意義總是或多或少有一些缺陷，或者不完整；甚至有時候，這些意義還是錯誤的。所以，一個充滿各種意義的國度，其實是一個包含了各種謬誤的國度。

假如我們問一個人：「生命的意義是什麼？」也許他答不出來。對大多數人而言，他們並不會讓自己受到這個問題的困擾，所以總是用一些陳腔濫調的回答來搪塞；或者，人們乾脆認為這個問題是沒有意義的。可是，當人性出現時，這問題就已經存在了。今日仍會有人，年輕人或年長者，提出此問：「我們為什麼而活？生命的意義又是什麼？」相對而言，這樣子的問題更常出現在我們遭遇拙折時。假如一個人的一生中沒有任何波瀾和起伏，也沒有遇到過任何困難和險阻，那麼這個問題便不會成為問題。

如果我們關上耳朵不去聽人們說了什麼話，而是去觀察行動，那麼，我們會發現每個人對於生命意義的解讀，映射在他的生活行為上，包括他的姿勢、態度、動作、表情、喜好、野心、習慣以及性格特徵等等，在一定程度上可以體現出他體會到的生命意義。每個人的行為都依賴他對生命的詮釋。在所有人的行為中，都存在他對這個世界和他們自身的一種難以言明的歸納總結：「這就是我，我就是這個樣子，宇宙也就是那個樣子。」

這便是他對於自我以及生命意義的賦予。

每個人對於生命的意義都有不同的理解，我們無法評斷到底誰說的才是絕對正確，只要對於生命意義的解讀相對有理，我們就不能判定為絕對錯誤。事實上，生命的意義正是存在於「絕對正確」和「絕對錯誤」的兩個極端之間，這其中包含每個人對於生命意義的理解。然而，我們可以確定的是，這一區間上的哪些點更為正確，哪些點相對比較糟糕；哪些點錯得多，哪些點錯得少。然後，我們可以繼續推論出：相對更好一些的詮釋具有哪些共同特徵，而那些較差的解讀又都缺乏哪些東西。這樣，我們通過對於真理的共同理解，我們得到共同的意義，有助於我們人類描述生命的實在面貌。在此，我們必須牢牢記住：「真理」意味著人類眼中的真理，意味著與人類的目標和計畫相關的真理。除此之外，再也沒有別的真理，即便還有其他的真理存在，那也與我們人類無關，我們對其從不知曉，那麼此真理也就毫無意義。

人生的三大聯繫

所有人類都生活在三個聯繫之中，因此在生活中我們也必須顧及這三大聯繫。現實世界由這三大聯繫所構成，而人類則需要面對起因於這三大聯繫的問題與困難。我們常常被強迫必須回答這些問題、處理這些困難，因為它們總會源源不斷地出現，而我們也會在各自的答案中，找到個人對生命意義的解讀與概念。

—第一種聯繫：我們生存在地球上—

我們人類生活在地球上，我們沒有辦法脫離地球去討生活。換句話說，我們無處可逃，我們必須在這個聯繫之下，依靠我們所居住的地球提供給我們的資源來繁衍生息。我們必須不斷發展我們的身體和頭腦，以便能夠繼續生活在地球上，確保人類的未來得以延續。這是一個不可避免的問題，沒有人逃得過它的挑戰。無論我們做什麼事，我們的行為都是我們對人的生存狀況的一種解答：這些行為揭露了我們認為適當且必要的東西，我們認為合理而且可取的東西。每一個答案都必須考慮到一個事實：我們都是人類，而人類居住於地球之上。

當我們考慮到人類肉體的脆弱性，以及我們所居住環境的不安全性時，我們可以看出：為了我們自己的生命，為了全體人類的幸福，我們必須對人生的問題重新做出回答，使其具有遠見並且條理清晰。這就像我們面對一個數學問題一樣，我們必須努力追求解答。我們不能單憑猜測，也不能希圖僥倖，我們必須用盡我們力所能及的各種方法，堅定地尋求答案。我們雖然不能發現絕對完美的永恆答案，然而，我們卻必須用我們的所有才能來找出近似的答案。我們必須不停地奮鬥，以找尋更為完美的解答，這個解答必須針對「我們被束縛於地球上」這件事實，並考慮到我們所處的生存環境所帶來的種種利害關係。

——第二種聯繫：我們存活於人類物種當中——

我們每一個人並不是人類物種中的唯一成員，我們四周還有其他人，只要我們活著，就必然要和他們發生聯繫。個體的脆弱和侷限性，使得個人不可能獨立地完成自己的目標。假如一個人孤零零地活著，並且想只憑藉自己的力量來應付一切問題，他只能面對失敗和滅亡。單個的人無法保全自己的生命，人類的生命也因而無法延續下去。因此，每個個體必須和他人發生聯繫，因為個體本身都存在一定的弱點、不足和限制。個體為了自己的幸福，同時也為了人類的福利，所採取的最重要行動就是和別人形成夥伴關係。因此，關於生命問題的每一種答案，都必須把這種限制考慮在內，我們必須認識到：我們的生存與他人息息相關，假如我們將自己孤立，我們必將自取滅亡。這是一個不容置疑的事實，因此，我們人類最大的問題、目的和目標方向就在於：在我們居住的星球上，和我們的同類合作，以延續我們的生命和人類的命脈。如果我們想要生存下去，我們的情緒就必須配合這個問題、目的，以及目標方向。

第三種聯繫：人類有兩種性別

人類同時還被另一種聯繫所束縛：人類有兩種性別，男和女。任何人的一生都無法避開愛情與婚姻這一問題。在遭遇這個問題之時，人類不管做什麼都得將其考慮進他們的答案之中。人們嘗試過使用很多方法去解決這個問題，他們的行為揭示了他們所相信的東西就是其對此唯一的答案。

我們在前面所敘述的這三種聯繫帶來了三個問題：

一、在地球的有限資源限制下，為了生存，我們應該如何工作？

二、如何在我們的人類物種之中找到自己的位置，使我們能互助合作並分享合作的利益？

三、面對「人有男女」和「人類的延續依賴愛情與婚姻」這一事實，我們應該如何調整自我？

個體心理學的研究發現：人類的所有問題都可歸納到職業生涯、社會人際和兩性這三個問題上。每個人對這三個問題所做出的反應，都清楚地表現出他對生命意義的最深層感受。舉個例子說吧，假如有一個人愛情生活很糟糕或是完全沒有愛情，工作上無法發揮，而且朋友很少，因為他覺得與同伴接觸是件痛苦的事，那麼，我們似乎可以斷言：生活對他來說很痛苦且危險，活下去也是一件很困難的事情。他的活動範圍一定非常狹窄，這與他對生命意義的判斷有關：生命的意義對他來講是保護自己免受傷害，因而他傾向於把自己封閉起來，避免和別人接觸。

反過來說，假如有一個人，他的愛情生活非常甜蜜而融洽，工作上也取得了可觀的成就，而且有很多朋友，那麼我們可以據此判斷，這樣的人會感到生活是一種富有創造性的過程，生活中充滿了機會，沒有不可克服的困難。對他來說，生命的意義在於與同伴攜手共進，做為社會的一分子，為人類的幸福貢獻自己一份力量。

社群情懷

從上述的例子中，我們可以發現，所有錯誤的「生命意義」與所有正確解讀的「生命意義」都有其各自的共同點。所有失敗者——神經質患者、罪犯、酗酒者、問題少年、自殺者、墮落者、娼妓——之所以失敗，是因為他們在面對工作、友誼和兩性這三個問題時，從不尋求他人的幫助，對於社會缺乏興趣和同情心。在他們眼中，生命的意義是屬於一種個人的私我意義，沒有人能從其他人身上獲益，所以靠人不如靠己。他們從自己認為的成功或成就中體會到的，其實是一種自欺欺人的優越感，這種個人優越感只對他自己有價值。這好比手握武器的謀殺者，可能感覺自己有一種權力之感，但是很明顯地，他只能使自己相信自己的重要性，對別人而言，擁有一件武器並不能抬高他的身價。

事實上，個人的私我意義沒有任何價值，真正的生命意義存在於個體與他人的互動中，只對某個人意味著某些事情的東西實在毫無意義。我們的目標和動作也是一樣，它們唯一的意義，就是它們對別人有意義。每個人都奮力想使自己變得重要，但是如果他不能認識到個人的成就建立在對他人貢獻的基礎上，那麼他必定會步入歧途。

我曾經聽過一則關於一個小宗教團體領袖的故事。有一天，她召集了她的教友，告訴他們：世界末日在下星期三就要來臨了。教友們在震驚之下，變賣了自己所有財產，放棄了俗世雜念，緊張地等待著世界末日的到來。結果，星期三什麼事也沒有發生。第二天，這些教友聚集在一起，向這位領袖興師問罪：「你把我們害慘了！我們放棄了所有，並告訴身邊所有人世界末日即將來臨。他們譏笑我們的時候，我們還充滿信心地說，我們的消息是從最絕對的權威處聽來的。現在星期三已經過去了，世界為什麼仍然安然無恙呢？」面對譴責和質問，這位領袖說道：「我的星期三並不是你們認為的星期三呀！」顯然，這位領袖是用屬於她的私我意義來逃避別人的譴責。這種個人私我意義當然不能做為真理存在。

所有真正的「生命意義」的標準是：可以與他人分享，而且得到絕大多數人的認可。能夠解決一個人所面臨的生活問題的好方法，必然也能為別人解決類似的問題，這些成功的方法對人類來說具共享的意義，也是可以分享出去的。即便是天才，也是在身邊大多數人認為其與眾不同時，才會被冠上此稱呼。由此，我們可以總結出生命的意義在於對整體社會有所貢獻。在這裡，我們談的不是想法和動機，而是具體的成就。

能夠成功地應付人類生活中所存在的問題的人，他的行為方式明顯地告訴我們：生命的意義在於懂得關注別人，與他人合作。他所做的每件事情似乎都是為了同類的利益，當他遭遇困難時，他會選擇用不和別人利益發生衝突的方法來加以克服。也許很多人會懷疑，難道貢獻自己、與他人合作，就是生命的意義嗎？他們或許會問：「對於自己，我們又該做些什麼呢？如果一個人老是考慮別人，老是為別人的利益奉獻自己，他難道不會感到痛苦嗎？如果一個人想要使自己得到適當的發展，他無論如何也應該為自己著想一下吧？我們難道不應該學習怎樣保護我們自身的利益，或加強我們自身的人格嗎？」

這種觀點我認為是錯誤的，因為它提出的問題都是假問題。假如一個人在賦予生命的意義裡，希望對別人能有所貢獻，而且他的情感也都指向了這個目標，他自然會找到自己的方法做出自己的貢獻。他會根據自己的目標調整自己，他會發展出社群情懷，並透過練習熟能生巧。只要他認定了目標，自我訓練便會隨之而來。他會不斷地充實自己，以解決生活中的三種問題，他自己的能力也將不斷地擴展。

讓我們以愛情與婚姻為例。如果我們想要伴侶快樂，想要伴侶獲得幸福，我們自然會竭盡所能地表現出自己的能力和才華；假如我們的重心不在伴侶而在自己，沒有奉獻的目標，只是想要發展自己的人格，那我們只會變得越來越囂張跋扈，甚至讓人厭惡。我們還可以通過另一個線索推斷出生命的意義在於奉獻與合作。我們可以審視一下我們的祖先留給我們的遺物，你看到了什麼？我們的祖先留給我們的都是他們對人類生活的貢獻。我們可以看到祖先們開發過的土地，也看到前人建造的公路和建築物。他們從人生的經歷中總結出來的成果，會以傳統文化、哲學、科學和藝術的方式傳遞給我們，同時他們還會傳授我們一些處理人生問題的技巧。所有這些東西，都是來自為人類繁榮做過貢獻的前人流傳下來的。

那剩下的其他人又怎麼樣呢？那些不懂得合作和奉獻的人、那些賦予人生以其他意義的人，以及那些只會問「我該怎樣逃避生活」的人，都怎麼樣了呢？他們在身後沒有留下一點痕跡，他們已經徹底死亡，他們的整個生命是如此蒼白無力，我們的地球似乎在對他們說：「我們不需要你，你根本不配活下去。你的目標，你的奮鬥，你所抱持的價值觀念都沒有未來可言。滾開吧！一無可取的人！快點死亡，快點消失吧！」對於無法以合作和奉獻做為生命意義的人，我們所下的最後結論是：「你是沒有用的。沒有人需要你，請你走開！」當然，在我們現代的文化中，也存在很多瑕疵，如果我們遇到了自己不滿意的地方，我們就應該致力於改變它，當然，這種改變必須以人類福祉為前提。

從古至今有許多人深知這個真相，生命的意義在於對人類全體發生興趣並與之合作為世界做出貢獻，他們也一直努力發展全社會的利益，促進愛的傳播。在各種宗教思想中，我們都能看到這種救世濟人的胸襟。世界上所有偉大的運動，都是人們想要增加社會利益的結果，宗教即是朝此方向努力的最大力量之一。然而，人們往往看不到宗教的這一偉大宗旨，只將宗教看做是只能做一些普通且毫無價值的事。事實上，個體心理學也致力於為人類謀取更大的利益，在這一終極目標上，甚至要超越宗教運動。

我們個人所領悟到的生命意義既有可能成為人生歷程中的守護天使，也可能成為揮之不去的惡魔，那麼顯然，理解這些意義是如何形成的就十分重要了，它們彼此之間又有哪些不同？萬一此領悟已經發生了重大的錯誤，又該如何將它們導入正途？這些是心理學要解答的問題，也是心理學不同於生理學和生物學的關鍵所在：心理學可以利用人們對意義本身的理解，來影響自身的行為和發展方向，進而為人類謀取更大的福祉。

童年對人生的影響

從出生之日起，人類便開始了對於「生命意義」的追尋。即使是嬰兒，也會想要弄明白自己的掌控力和自己對周遭其他人的重要性。到了五歲，兒童已經形成了一套統整的且清楚的行為模式，能夠開始用他們自己的方式來應對問題和任務，我們將其稱為「生命風格」。他們已經形成了個人最為根深柢固、也最恆定的概念，知道能對世界和自身期待些什麼。從此以後，世界在他的眼裡就被框進了統覺基模中*。一切經驗都得經過解讀後才會被接受，而這解讀又往往離不開兒童時期形成的對生命意義的原初理解。哪怕這種意義錯得一塌糊塗，哪怕這種處理問題和事物的方式會不斷帶來不幸和痛苦，人們還是不會輕易地放棄它。只有重新審視造成這種錯誤解釋的環境，找出謬誤所在，並修正統覺基模，這種錯誤的生命意義才能被矯正過來。

在少數情況下，也可能有人由於自己錯誤的行為方式導致的嚴重後果，自行修正了他對於生命意義的理解，從而成功調整自己的處事方式。然而，如果沒有社會的壓力，如果他沒有發現假如他再我行我素，他必然會陷入絕境，那麼他肯定不會改變。在大多數情況下，對於這種生命風格的修正，大部分要借助於某些受過訓練而了解這些意義的專家，他們有能力發現最初的錯誤，並給出一種較為合適的生命意義。

人們童年的遭遇可以用許多不同的方式來詮釋。童年不愉快的經驗完全有可能被賦予完全不同的意義。不太重視不愉快經驗的人，他的經驗除了能告訴他做某些防範措施外，幾乎不會影響他對待生活的態度，他會覺得：「我必須努力改變這種糟糕的環境，確保我的孩子不再經歷這些不愉快。」另一種人會覺得：「生活是不公平的，別人總是占盡了便宜。既然世界這樣對待我，我為什麼要善待這個世界？」有些父母則這樣告訴他們的孩子：「我小時候也遭受過許多苦難，我都熬下去了，為什麼你們就不能吃苦？」第三種人可能會這樣想：「我童年遭遇不幸，所以我現在做的每件事都是情有可原。」這三種人對生命意義的解釋都會表現在行動與實踐上，如果沒有從根本上轉變他們的解釋，他們永遠不會改變行動。

這是個體心理學有別於決定論[†]之處：經驗本身無法決定成敗。我們並

* 統覺基模（scheme of apperception）：「基模」是一種個體運用與生俱來的基本行為模式，以了解周圍世界的認知結構。個體在幼年時期建構出基模化之主觀知覺，稱之為「統覺基模」。

† 決定論主張所有事件的發生都是被決定的。在這裡，一件事情是被決定的意思是說，存在有一些條件，如果這些條件都被滿足，那麼，這件事情就必定會發生。

不會因經歷本身所帶來的衝擊而受傷——也就是所謂的「創傷」——而只是從中汲取符合我們目的之處。決定人生的不是經驗，而是我們自身賦予經驗的意義。當我們把某種特定經驗做為未來人生的原則時，那麼或多或少就已經開始誤入歧途了。我們不是由經驗所決定，而是由我們賦予經驗的意義而自我決定。意義不是由環境所決定，我們自己賦予環境以意義而決定了我們自己。

—器官缺陷—

然而，兒童時期的某些境遇常常會導致對生命的錯誤解讀，大部分的失敗人生也都發生在曾經經歷過這類童年情境的人身上。首先，我們要考慮曾經因為在嬰兒時期患病，或由於先天的因素而導致身體器官產生缺陷的兒童。這種兒童的心靈負擔非常重，他們很難體會到生命的意義在於奉獻。除非有某個親近的人能把他們的注意力從自身的種種問題轉移到關注他人上，否則他們的眼裡多半只看得到自己。以後，他們還可能因為拿自己和周圍的人比較而感到氣餒。在如今的社會裡，他們甚至還會因為同伴的憐憫、揶揄或排擠，而加深其自卑感。在這種環境下成長起來的孩子很可能變得孤僻內向，喪失掉成為社會中有用一員的希望，並產生自己被這個世界侮辱了的錯誤感覺。

我想我是第一個研究器官存在缺陷或內分泌異常兒童所面臨的困擾的人。這方面的研究現在雖然已經相當進步，可是它發展的方向卻不是我想看到的。我一直想找到的是可以克服這種困難的方法，而不是想找尋證據來歸咎發展失敗的責任在於遺傳或身體缺陷。沒有什麼生理障礙能夠強迫一個人進入扭曲的生命風格。我們從來沒有看到過內分泌腺在兩個孩子身上會產生一模一樣的效應。事實上，我們反倒經常看到那些克服或正在嘗試克服困難的孩子，一步步發展出非常有用的才能。

由此可知，個體心理學所宣揚的並不是優生學理論。有許多對我們文化有重大貢獻的傑出人才都有器官上的缺陷，他們的健康狀況很差，甚至有人英年早逝。然而，這些奮力克服身體或外在環境困難的人，卻給我們的社會帶來了許多新的貢獻和進步。奮鬥使他們變得更加堅強，也使他們不停地奮勇向前。只關注他們的肉體，我們無法判斷他們的心智將會朝好的還是壞的方向發展。然而，到目前為止，大部分有殘疾或患有內分泌疾病的孩子還都沒能得到正確的培養，他們的困難也沒有被他人所了解，結果他們大多變得以自我為中心。這就是為什麼那些早年生活曾因生理缺陷而感受到壓力的兒童，大多是失敗者的原因。

─溺愛─

第二種常常會導致兒童誤解生命意義的情境，便是溺愛。被嬌寵的兒童多會期待別人把他的願望當成命令看待，他不必努力便成為上帝的寵兒。通常，他還會認為：與眾不同是他與生俱來的權利。結果，當他進入一個不是以他為關注中心的情境，而別人也不以體貼其感覺為主要目的時，他就會若有所失地覺得世界虧待了他。他的成長經歷只教會他伸手索取，卻不曾教他學會付出。別人老是服侍著他，這使他喪失了獨立性，不知道自己原來也可以動手做事情。被溺愛的孩子心中只有自己，從來沒能理解合作的用處與必要，當他面臨困難時，他只有一種應付的方法——乞求別人的幫助。他似乎以為，只要能奪回眾星拱月的地位，就能迫使別人承認他與眾不同，那麼他的處境就會大為改觀。

被寵壞的孩子長大之後，很可能成為我們社會中最危險的群體。他們之中有些人會表現得極其友善，甚至為了獲得掌控他人的機會，變得非常惹人憐愛；然而，一旦被要求在常規的工作中要像常人一般與他人合作時，他們便會罷工不幹。還有些人會做出公然的抗拒——當他們看不到他們所習慣的討好和順從時，便會覺得自己被出賣了，認為整個社會與他們為敵，於是開始試圖報復他人。假如社會在這個時候表現出對他們行事作風的否定（這種事經常發生），他們就將這種否定做為遭到不平對待的新證據。這就是為什麼懲罰對他們毫無用處的原因，一切懲罰只是進一步印證「人人都與我為敵」的信念。被寵壞的孩子無論是暗中破壞或是公開反叛，無論是以柔術駕馭別人，還是以暴力實施報復，他們在本質上都犯了同樣的錯誤。我們甚至發現有人在不同的情況下使用不同的手段，但目標始終如一。在他們的心目中，生命的意義就是要成為第一，要被視為是最重要的人物，並獲取心中想要的每件東西。只要他們繼續堅持這種生命意義，他們所採取的每個方法都是錯誤的。

— 忽視 —

第三種很容易形成錯誤人生觀的，是被忽視的兒童所處的情境。這樣的兒童從不知愛與合作為何物，他們所建構出的生命意義中，完全沒有這類積極的因素。我們不難了解，當他面臨生活中的問題時，他總會高估其中的困難，而低估自己應付問題的能力和旁人的幫助及善意。在他的眼中，世界是冷漠的，毫無友善可言，而且還會一直這樣冷漠無情下去。更重要的是，他不知道，只要做出有利於他人的行為，就可以為自身贏取喜愛和尊敬。因此，他不但懷疑別人，也不能信任自己。

生命中，沒有任何經驗可以取代不自私與不自利的情感。孩子出生後，做為父母，最重要的職責，便是讓孩子在生命之初便體會到信任「他人」。之後父母必須進一步加深加大這種信任感，直到它充溢在孩子身邊的整個環境中。如果父母親在第一個任務——即獲得兒童的關注、喜愛和合作——失敗了，那麼這個兒童若想在將來建立起社群情懷，以及與他人的夥伴關係，就會變得極其困難。每個人天生都有關注別人的能力，但是這種能力必須被啟發、被訓練才能發展無礙。

假如我們研究一些完全被忽視、被憎恨或被排斥的兒童，很可能發現：他們完全看不到「合作」的存在，生活非常孤單，無法與人交往，全然無視一切有可能幫助他們和別人共同生活的人事物。然而，我們說過，在這種環境下的個體總是難逃滅亡。一個孩子能夠順利度過嬰兒期，便足以證明他已經得到一定的照顧和關懷。因此，我們不討論完全被忽視的兒童，我們只考慮那些受到的照顧比一般情況少的兒童，或只在某方面受到忽視，而在其他方面卻一如常人的兒童。簡而言之，所謂被忽視的兒童，就是那些從未真正找到一個值得信賴的「他人」的孩子。可悲的是，在我們的文明裡，有許多生活中的失敗者，其出身都是孤兒或私生子。基本上，我們都把這些兒童歸納於被忽視的兒童之中。

這三種情境——器官缺陷、被溺愛和被忽視——都很有可能導致當事者對生命的意義做出錯誤的解讀。生活在這些環境下的兒童幾乎都需要幫助以修正他們面對問題時的行為方式。他們必須被幫助，才能找到一種對於生命更好的理解。假如我們稍稍留意一下——更確切的說，我們受過相關的訓練且真的關心他們——我們將能從他們各種細微的言行中，看出他們對生命的詮釋。

童年記憶

夢和記憶已被證實很有用處：我們的個性無論是在做夢時還是清醒時都是相同的，只有在做夢時，來自社會的壓力相對較小，也不需那麼多的戒備與隱藏，個性得以更多的釋放。不過，要了解個人賦予自己和生活的意義，最有力的幫手便是他的記憶。每種記憶，哪怕是被他自己視為微不足道的瑣事，都很重要。只要記得，就說明它們值得記憶，而之所以值得記憶，是因為它們在他生活中所占的分量。這種記憶告訴他「這是你應該期待的」或「這是你應該躲避的」，甚至斷言「這就是人生」！我們必須再強調：經驗本身並不重要，重要的只是它們的用途——被用來印證生命的意義。每件記憶都是被選中的生命之提醒。

要了解個體理解生命的特有方法始於何時，以及要揭示他是在哪種情況之下第一次形成自己的生活態度，童年早期的記憶格外有用。最早的記憶之所以重要，有兩個原因。第一，個人對自身和環境的基本評估均包含在其中，它是個人將他的外貌、他對自己最初的整個概念，以及別人對他的要求等等，第一次綜合起來的結果。第二，它是個體自覺的起點，直到這個時候，人們才開始書寫自己的人生傳記。因此，我們常常能在其中看到脆弱、不足的自我感知與將強壯、安全視為目標的反差。至於被個人當做最早記憶的，是否確實是他所能記起的第一件事，或者是否是他對真實事情的回憶，對心理學的目的而言，則是無關緊要的。記憶之所以重要，乃至僅僅在於它們所代表的含義，在於它們所展現出的對於生命的解讀，乃至於對現在和未來生活的影響。在此，我們可以舉幾個最初記憶的例子，並看看它們所展示出的「生命意義」吧。

「咖啡壺掉在桌子上，把我燙傷了。」這就是生活！當我們發現以這種方式自述的女孩子，總是無法擺脫孤獨無助之感，並且不由自主地誇大了生活中的危險與困難，我們不必訝異。假如她在心中責備別人沒有好好照顧她，我們也不用奇怪。因為必定有某些人非常粗心大意地將一個小孩丟在一旁，讓這樣幼小的嬰兒陷入這樣的危險之中。

在另一個最初記憶中，也呈現出類似的世界印象：「我記得我三歲的時候，曾經從嬰兒車上摔下來。」隨著這種最初記憶，他反覆做著這樣的夢：「世界末日已到。我在午夜醒來，發現天空被火照得通紅。星辰都紛紛往下墜，我們也將和另一個星球相撞。可是，在撞毀之前，我醒過來了。」當這個學生被問道他是否懼怕什麼東西時，他說：「我害怕無法擁有一個成功的人生。」很顯然，最初記憶和反覆的噩夢令他氣餒，一直加重著他對於失敗和災難的恐懼。

一個由於夜尿以及和母親不停地發生衝突而被帶到醫院來的十二歲男孩，說他的最初記憶是：「媽媽以為我走失了。她非常害怕地跑到街上大聲叫我，其實我一直藏在屋子裡的一個櫥櫃中。」在這個記憶裡，我們可以讀出這樣的意味：「生命意味著透過製造麻煩來贏得關注。只有透過欺騙才能獲得安全的保護。雖然沒人關心我，可是我卻能愚弄別人。」他的夜尿也是他用來使自己成為擔心和關注對象的一種手段。他的母親對他所表現的焦慮和緊張，正加強了他對生活的這種解釋。像前面的例子一樣，這個孩子很早就得到一種認知，外在世界的生活充滿危險，他只有在別人為他的行為擔心時才覺得安全。也只有用這種方式，他才能向自己保證：當他需要保護時，別人就會來保護他。

有個三十五歲的婦女，她的最初記憶是這樣的：「三歲那一年，有一次，我獨自走進地窖。當我在黑暗中走下樓梯時，比我稍大的堂兄也打開門，跟著我走下來。看到他，我覺得非常害怕。」從這個記憶看來，她可能很不習慣和其他孩子一起遊玩，尤其是不喜歡和異性在一起。我判斷她是獨生女，結果證實是正確的，而她在三十五歲這樣的年齡依然未婚。

而下面這個例子則展現出一種發展得較好的社群情懷：「我記得媽媽讓我推娃娃車，上面坐著妹妹。」在這個例子中，我們還可以看到某些徵象顯示，她只有和比自己弱小的人在一起才覺得自在，還有她對母親的依賴。當新生兒出生時，要得到年紀較長的孩子的合作，最好是讓他們幫忙照顧新生兒，這能夠幫助大孩子們學會關懷家庭中的新成員，並分擔保護的責任。如果得到了他們的合作，他們就不會覺得新生兒搶走了原本屬於自己的關懷與重視，不會心懷怨恨。

想和別人在一起有時並不是指真正地對別人感興趣。有一個女孩子，在被問及她的最初記憶時，說道：「我和姊姊，還有另外兩個女孩一起遊玩。」在這裡，我們當然可以看出她正慢慢地學習和別人交際，可是，當她提起她最大的恐懼是「我怕別人都不理我」時，我們卻能覺察到她的掙扎。從這裡，我們可以看出她缺乏獨立性。一旦找到並理解了一個人賦予生命的意義，我們就握有了解整體人格的鑰匙。曾經有人說：人類的性格是無法改變的，事實上，只有對那些未曾把握住解開此種困境之鑰的人，這種說法才成立。正如我們已經看到的，假如無法找出最原初的錯誤之所在，那麼一切討論或治療都是沒有效果的，而唯一改進的方法，就是幫助人們以一種更強調合作、更有勇氣的方式來生活。

合作的重要

合作是我們對抗神經質傾向的唯一保障。因此，兒童應該被鼓勵及被訓練如何合作；在日常生活及平常遊戲中，他們應該被允許自行探索與同儕融洽相處的方式，對合作的任何妨礙都會導致最嚴重的後果。例如，被寵壞的孩子就只學會了關注自己，即便到了學校，對別人漠不關心的態度也不會改變。他對功課有興趣，只是因為他認為這樣做能贏得老師的喜愛；他也只聽得進去那些對自己有利的東西。成年以後，社群情懷的缺乏在他身上會變得愈來愈明顯。早在第一次曲解生命意義的時候，他就已經終止了對於責任和獨立的學習。等到長大後，他也已經無能為力應付任何生活的考驗與困境了。

我們不能因為幼年時的錯誤去苛責成年人，只能在他開始嘗到苦果時伸出援手加以補救。我們不能期待一個沒有上過地理課的孩子在這門課上取得好成績；我們也不能期待一個未被訓練以合作之道的孩子，在面臨一個需要合作訓練的工作之前，會有良好的表現。但是，每種生活問題的解決都需要合作的能力，而每一項人生任務都不得不在人類社會的框架下，透過謀求人類福祉來實現。生命意味著奉獻，個人只有真正理解了這一點，才能充滿勇氣地面對自己的難題，並保有成功的可能。

如果老師、父母及心理學家都能了解孩子在探索生命意義時可能出現的種種錯誤，而且他們自己不會犯下同樣的錯誤，我們就可以相信，那些缺乏社群情懷的孩子最終都能對自身能力和人生際遇有更好的感受。當他們遇到問題時，他們會不斷努力，而不是把肩上的重擔推給別人、口出怨言以博取關懷或同情，或覺得非常丟臉而自暴自棄地說出「人生沒什麼意義，它給不了我什麼」這樣的話。反之，他們會說「我們要為自己的生命負責，這是我們的任務，過好自己的人生，我們是自己行動的主宰。如果有什麼新的任務要完成，或是什麼舊的事務要處理，那麼不用推給誰來做，捨我其誰。」假如每個獨立自主的人，都能以這種合作的方式來生活，則人類文明的進步將沒有限制與止境。

第二章

心智與身體

從生命第一天開始，到其結束為止，身體和心智都在相互合作，像是不可分割的整體之兩部分。心智有如一台引擎，將身體中能夠發現的所有潛能激發出來，使其成為牢不可破的安全堡壘，克服所有困難。

心智與身體的交互作用

人們對「到底是心智支配身體，還是身體控制心智」這個問題一直爭論不休。參加爭論的哲學家們分為唯心論者或唯物論者，他們各據一詞，提出數以千計的論據，可是這個問題仍然懸而未決。個體心理學可能有助於這個問題的解決，因為在個體心理學中，我們真正關心的是身體和心智的日常交互影響。亟待治療的個案都具有身體及心智，如果治療理論基礎是錯誤的，我們便無法幫助他。因此，我們的理論必須是從經驗中推導出來，能夠經得起實際應用的考驗，我們須要對這些交互作用的結果進行研究，抱以最大的熱情找到正確的觀點。

個體心理學的發現已經消解了許多源於這一問題的對立衝突，它不再僅僅是個簡單的「非此即彼」的問題。我們可以看到，無論身體還是心智都是生命的體現，它們都是整體生活的一部分，而我們也開始以整體的概念來了解其相互關係。一個人的生命是由一個人的活動所組成，如果沒有思想的控制，僅憑身體根本無法完成這些活動。植物紮地生根，停留在固定地方無法活動。因此，如果發現植物有心智，或是任何一種我們所能理解的心智感覺，必定會使人驚奇萬分。就算植物能預見未來，這個功能對它來說也是毫無用處的。比如說，一株植物想到：「有人要來了，他馬上就要踩到我了，我就要被踩死了。」可是這有什麼用呢？植物仍然無法逃離它的劫數。

然而，一切能夠行動的動物都能預見事情的發生，並據此決定行動的方向。這就暗示了他們是具有心智或靈魂。

感知，肯定你有，

否則你就不會有行動。——《哈姆雷特》第三幕第四場

預見行動的方向是心智運作的中心原則。認清了這一點，我們就能了解：心智如何支配著身體——它為身體訂下了行動的目標。僅僅是不時地

觸發隨機行動還遠遠不夠，必須要有一個明確的目標。因為心智的功能在於決定行動的方向，所以它在生活中占著主宰的地位。反之，身體也會對心智產生影響，畢竟做出行動的是身體，心智只有藉助於身體的物理能力、不超越身體本身的限制，才能指揮身體行動。比方說，假如心智想要使身體奔向月亮，那除非是它先發明一種可以克服身體限制的技術，否則心智註定要失敗。

人類比其他動物更善於活動。他們不僅活動的方式較多——這一點，可由他們手部的複雜動作中看出——而且，他們也較能利用活動來改變圍繞在周圍的環境。因此，我們可以認為：人類心智對於未來的預見能力得到高度發展，而且，人類奮鬥的目標性也將越來越明確，以期透過目的性的努力來改善自己的處境。

此外我們能夠發現，每個人除了會因為某個目標做出某個動作，在此之上，還發展出一個含納所有目標的單一全面性動作。我們所有的努力都是為了要獲得安全感，關係著環繞在我們周圍的世界，我們最終將一一克服所有困難，感受安全和勝利。有了這樣一個願景目標，所有的行動和表現都必須互相協調統一，結合為一整體，為了達成最終的理想目標，心智也被迫使需要發展。

身體也是如此，它也努力要成為整體。當生命還在胚胎之時，理想的目標早已深植於胚胎之中，身體也始終為之而努力發展。例如，當皮膚擦破時，整個身體都忙著要使它再復原。然而，身體並不只是單獨地發展其潛能，在其發展過程中，心智也會給予幫助。運動、訓練乃至一般衛生保健的價值都已經被證實，這些心智所提供的幫助，都是促使身體努力邁向最終的目標。

從生命第一天開始，到其結束為止，身體和心智都在相互合作，像是不可分割的整體之兩部分。心智有如一台引擎，將身體中能夠發現的所有潛能激發出來，使其成為牢不可破的安全堡壘，克服所有困難。

在身體的每個行動、每個表情和每個徵兆中，我們都能看到心智的意義。一個人在行動，那麼行動中總有意義。人們轉動眼睛、移動舌頭、扭動臉部肌肉，這便是表情，表情自有其意義，此正是心智賦予表情意義。現在我們可以開始看到心理學（或心智的科學）到底在研究些什麼東西了，心理學的存在就是為了探索個人所有表現與表達之意義所在，找到個體的最終目標，並將此目標與別人的目標做比較。

在尋找最終安全感目標的過程中，心智必須將目標具體化，也就是說，弄清楚哪裡是「安全」的？如何才能到達？當然，總是有發生錯誤的可能性，但是如果沒有明確的目標和方向，就根本不會有行動。當我舉起手時，心中必然已有這種動作的目的存在。有時候，心智所選擇的方向可能是有害的，但它之所以被選中，是因為心智誤以為它是最有利的。所有心理上的錯誤，都是選擇動作方向時的錯誤。尋找安全性目標是所有人類共同的追求，但是有些人認錯了安全所在的方向，結果誤入歧途。

如果我們看到一種表達方式或病徵，卻無法理解它背後的意義時，要了解它的最好方法，就是盡可能先將它簡化成一個單純的行為。讓我們以偷竊這種行為為例，偷竊就是把別人的東西據為己有。首先，我們先看這種動作的目的：就是使自己富有，並以此擁有更多的東西來讓自己獲得安全感。因此，偷竊的出發點是一種貧窮或匱乏的感受。其次，我們要了解這個人是處於何種環境當中，以及他在什麼情況下才會覺得匱乏？最後，我們要看：他是否採取正當方式來改變這些環境，並克服匱乏的感覺？他是不是已經找到正確的方向？或是選擇了錯誤的方式來滿足自己的願望？我們無需責備他的最終目標，但是我們卻可以指出他所走的道路是錯誤的。

情感如何影響發展

我們稱人類對環境所做的改變為文化。我們的文化就是所有變遷的紀錄，而這些變遷就是心智為人類的身體所開創的。心智啟發我們的工作，同時指引並輔助身體的成長。最終，我們會發現，每一種人類的表現都打上了心智決斷的標記。然而，這不表示一味強調心智的重要性是可取的。如果要克服困難，健康的身體必然不可或缺。因此，心智所要做的其實是控制環境，保護身體免於虛弱、疾病和死亡，並避開災害、意外及功能的損傷。這就是為何人類會演化出能力來感受喜悅與痛苦，讓我們想像並判斷所處環境的優劣。這些感覺塑造了身體，以一種明確的反應類型去適應環境。

心智預見未來的方法主要依靠幻想和識別，不僅如此，它們還能激起許多感覺，使身體隨之而行動。個人的感情能在很大程度上控制著身體，可是它們卻不受制於身體，個人的感情主要是由個人的目標和他的生命風格所決定。

很明顯，個人的生命風格並不是影響他們行為的唯一因素。如果沒有更多協助，他的態度並不會導致行動。要引發行動，還需要借重情感來進一步強化動機。在個體心理學的觀點中有一個新發現，就是情感與生命風格從不會相互矛盾。情感總會自我調整到與目標相適應。這使得我們超越了生理學或生物學的範疇——情感的發生無法用化學理論來解釋，也不能用化學實驗來加以預測。在個體心理學中，必須以生理過程為先決條件，但我們更感興趣的卻是心理目標。比如，關於焦慮，我們關心的是它的目的和結果，而不是它對交感神經或副交感神經的影響。

以此推斷，焦慮不能被當做是由於性的壓抑所引起的，也不能被認為是出生時難產所留下的結果。這種解釋都太離譜了。我們知道，習慣了父母的陪伴、幫助、保護的孩子很可能會發現，只要表現出焦慮就可以有效地控制父母親，至於焦慮從何而來則並不重要。同樣，我們也不滿足於對憤怒的生理性描述，經驗告訴我們，憤怒事實上是一種用來控制一個人或一種情境的工具。雖然我們承認每一種生理和精神特徵都是來自於遺傳，但是我們關注的是如何運用這種遺傳來努力達到自己的人生目標，似乎這才是真正的心理學方向。

我們發現在每個人身上，情感都是朝向人生目標的方向變化和發展的，並為了更好地完成目標而調整。無論焦慮或勇敢、愉悅或悲哀，情感總是與個人的生命風格一致。它們的表現方式和我們所預料的也幾乎一樣。如果一個人透過極大的痛苦而獲得優越感，他根本不會為自己的成就感到快活或滿足。他只有在悲傷之中才會快樂。只要稍加注意，我們還可發覺，情感是可以隨意願而出現或消失。一個對群眾患有恐懼症的人，當他獨自一人留在家裡，或指使另一個人時，他的焦慮感就會消失掉。所有神經質患者都會避開生活中讓他們感到喪失控制力的情形。

情緒基調與個人的生命風格一樣有著固定的模式。例如，懦夫始終是懦夫，雖然他對弱者強悍，或者在受到別人保護時看似勇敢。他可能會給門配上三把鎖，用警犬和防盜器來保護自己，堅信自己勇氣十足。沒有人能證明他的焦慮，但是，他用來保護自己的方式就足以表明他懦弱的性格。

性和愛情也是如此。當一個人在大腦中想著性對象時，跟性有關的感覺就會油然而生。通過專注於他的性對象，他會盡力排除一切與之衝突的偏好和矛盾的興趣，如此，才能喚起恰當的感覺和功能。如果他缺少這些感覺和功能，其具體表現可能是出現陽痿、早洩、性異常和性冷感等症狀。很明顯，這都是他沒有放棄那些和目標不一致、有妨礙性的偏好和興趣所造成的。這種有關性的反常現象，通常都是錯誤的優越感目標和錯誤的生命風格所導致。我們總是能在這類病例中發現，患者無一例外地期望獲得同伴的給予，自己卻很少付出；他缺乏社群情懷，也缺乏勇氣和樂觀精神。

我有一名病人在家中排行老二，因為嚴重的內疚感而覺得無比痛苦。他的父親和哥哥極為重視誠實。當他七歲時，他告訴學校的老師自己獨力完成了一份作業，可是事實卻是哥哥幫他完成了作業。事後他很痛苦，常常有罪惡感。三年後，他主動向老師承認自己說謊，老師只對他笑了笑。接下來，他又噙著眼淚去見他父親，二度認錯。這次他更加成功。父親深以他的誠實為榮，不但誇獎他，還安慰他。儘管父親原諒了他，但這孩子還是持續情緒低落。我們不得不做出以下結論：因為這件小事，這孩子如此苛責自己，是為了要證明他的誠實。他家裡高尚的道德氛圍給了他在誠實方面超越別人的動力。在學業和社會吸引力方面，他都覺得比哥哥卑微，因此，他試圖通過其他途徑來獲取優越感。

在後來的生活中，他也遭遇了其他類型的自我責備。他出現了手淫行為，而且在學習中也沒有完全戒掉欺騙行為。當他面臨考試時，他的內疚感會日益增加。由於過分敏感的良心，他的心理負擔比哥哥重。因此，當他想和哥哥並駕齊驅而又無法做到時，就會為自己找各種藉口。離開大學後，他計畫從事技術工作，但是強迫性的內疚感如此深刻，以至於他整天祈禱上帝會原諒他。結果，他就無暇工作了。

後來，他的情況惡化到必須送進精神病院治療，人們認為他是無法治癒了。然而，過了一段時日後，他的病況卻大有起色。離開醫院之前，院方要他答應，如果他舊病復發的話，就得再回來住院。後來，他變換工作並學習起藝術史。有一次，在考期來臨前的星期日，他跑到教堂跪倒在眾人面前，大聲吼道：「我是天底下最壞的人。」他再次以這種方式成功吸引人們關注他那敏感的良心。

在醫院又度過一段時日後，他回家了。有一天，他竟赤身裸體地走進餐廳去吃中飯。不過他的體格健美，在這一點上，他是足以與哥哥或其他男人一較長短。

這名病人的罪惡感是表現他比其他人更誠實的工具，這就是他努力獲取優越感的方式。然而，他的掙扎卻走上了生活中的旁門左道。他對考試和工作的逃避，證明他是一個性格懦弱、對生活無所適從的人。他的各種病徵都是有意地避開每一種會使他覺得被擊敗的行為。顯然，他在教堂拜倒地上懺悔和裸露進入餐廳的行為，也同樣都是用拙劣的方法來爭取優越感。他的生命風格決定了這樣的行為，而他自己引發出來的情感完全與其目標相符合。

如我們在第一章提過，在生命最初的四、五年間，個體就已經奠定了自身心智的整體性，並建立起了心智和身體之間的聯繫。在這個階段，他將自己遺傳得來的能力，以及從周圍環境中得到的感悟加以消化、處理、調適，以配合他對優越感的追求。差不多在五歲結束時，個性成形。對於生命意義的勾勒、對於目標的追求、行事風格、乃至情感傾向，也都已經決定。雖然它們在日後也可能被改變，但前提條件是，他必須先從童年時形成的錯誤態度中解脫出來才行。正如他早前所有的思想和行為都與他對生命意義的理解相一致，現在，如果他能夠糾正自己的錯誤觀念，那麼之後的思想與行為，也會與其對於生命的全新解讀相一致。

個人是透過他的感知與周圍的環境相聯繫，並由此接收到這個環境的印象。因此，我們可以從他對自己身體的鍛鍊方式看出他準備從周圍環境中獲取怎樣的印象，以及他打算怎樣使用自己的經驗。如果我們留意他觀察和諦聽的方式以及能吸引他注意力的東西，我們便能對他有個大致的了解。這就是人的姿態何以非常重要的原因。個體的姿態可以向我們展示他怎樣訓練自己的感知，以及如何運用這些感知去篩選外界的訊息，每一種姿態都有其意義。

現在，我們可以在心理學定義上再添加一點東西，來幫助我們了解人類彼此心智之間的巨大差異是如何造成的。如果身體不能適應身邊環境，而且不能滿足周圍環境的要求，人的心智就會有負擔。因此，天生有身體缺陷的兒童在心智的發展上比其他人緩慢，他們的心智也較難影響、指使並命令身體趨向優越的地位。他們想要和正常人一樣生活，就必須付出更多的努力。這往往會導致他們的心智變得不堪負荷，個性則容易變得自我中心、傲慢自負。當兒童老是受到器官缺陷和行動不便的困擾，他們便沒有多餘的注意力去留心外界的事物。結果就是，他們的社群情懷和合作能力都會相對較弱。

身體缺陷會造成許多阻礙，可是這些阻礙卻絕不是無法擺脫的命運。如果一個身體有缺陷的人思想積極向上，並主動地運用自己的能力去克服這些困難，那麼他也會獲得成功。事實上，身體有缺陷的兒童，儘管遭受到許多困擾，他們卻經常比身體正常的人有更大的成就。身體缺陷是一種能使人向前邁進的刺激。例如，一個視力不好的孩子可能因為他的缺陷而感到壓力很大。他要花費較多的精力才能看清東西，他對視覺的世界必須給予較多的注意力，也必須更努力地去區分顏色和形狀。結果，與其他從未認真看待這個世界的孩子相比，他擁有更強的觀察力。由此可見，只要心智找出了克服困難的正確方法，有缺陷的器官也能成為優勢的來源。

有許多畫家和詩人都曾蒙受視覺障礙的困擾。但這些缺陷被訓練有素的心智克服之後，它們的主人卻比正常人更能運用他們的眼睛來達成更好的目標。有些左撇子身上也能看到這種補償現象，他們在家庭裡或學校裡，常常被訓練運用他們不靈巧的右手。事實上，他們的右手是十分不擅長書寫、繪畫或做手工藝的。但是，如果心智能夠克服這些困難，那麼，原本有缺憾的右手就往往能夠發展出高超的技巧。確實如此，許多天生左撇子兒童能用右手寫出更漂亮的字、表現出更高的繪畫天賦，甚至在做手工藝時更為靈巧。透過正確的方法，再加上興趣、訓練和練習，他們就能夠將劣勢轉變成優勢。

只有渴望將自己融入社會整體，而不是只關注自己的兒童，才能成功地學會如何補償自己的缺憾；而只想避開困難的兒童，必然會落後於他人。只有當他發自內心地找到一個能夠激勵自己的目標，並且這個目標所帶來的成就又比阻擋他的障礙更大時，他才有可能打起精神來繼續前進。

將他們的興趣和關注引向何方也是個問題。如果他們向著一個自身以外的目標努力，他們自然會訓練自己，使自己具有獲得它們的能力。困難將會被看做是邁向成功道路上，必須被清除的障礙。反過來，假如他們的想法只是擔心自己不如別人，而沒有其他目標，那麼他們就不會真正有所進步。一隻笨拙的右手是不會因為人心裡想著要變得靈巧，盼望著少些笨拙，甚至避開那些必須使用右手的場面，就變成了靈巧的右手。只有通過不斷的練習，笨拙的手才有可能靈巧起來，而對美好未來的渴望，也必須要比現階段的笨拙導致的沮喪心情更為強烈才行。如果一個孩子想要集中全力來克服他的困難，則必須有一個他想要全力以赴的目標，這個目標乃基於他對現實的興趣、對別人的興趣、以及對合作的興趣。

關於遺傳特性還有一個很好的例子。在調查中，我發現一些家庭都有遺傳的腎功能障礙，很多生在這種家庭的孩子都患有夜尿症。這種生理上的缺陷是真實存在的，其病症可能會表現在腎或者膀胱上，或由先天性的脊椎分裂導致，而且通常會在相對應的腰部位置發現端倪，比如相應區域的皮膚上長痣或胎記。然而，這種生理缺陷不是一定就會導致尿床。這些孩子也不會完全任由自己的器官擺布，他們是以自己的方式在利用著它們。例如，有些孩子在晚上會尿床，可是白天卻不會尿褲子。有時，因為環境的改變或父母態度的改變，孩子的這種習慣也會突然消失。換言之，如果孩子停止運用這項失能現象來達到他們的錯誤目標，那麼尿床也就克服了，但是心智有缺陷的兒童除外。

但是，大多數會尿床的孩子卻是打從心裡不想克服它，也不想改變，而是任由發展。有技巧的父母能夠加以適當的引導，幫助他們改掉這毛病。但假如父母經驗不足，這種不必要的毛病就會持續下去。通常來說，在遭遇腎病和膀胱疾病困擾的家庭中，便溺這件事往往承受了過多的壓力。父母太過努力制止夜尿的發生，這恰恰是不適當的。如果孩子注意到這件事情被過分強調，他們可能開始抵制，不願治癒自己的疾病，這將給他們一個絕好的機會來表明自己反對這類訓練。而這些反抗父母處理方式的孩子，總是能夠抓住父母最大的弱點展開攻擊。

德國一位著名的社會學家發現：罪犯中有相當驚人的比例來自父母從事壓制犯罪的家庭，比如法官、警察或獄警等，教師的子女也常常頑冥不化。我在個人的經驗中常常發現這些都是真的。我也發現心理學家的子女中出現神經質兒童的數目，以及傳教士的子女中出現不良少年的數目，都相當地驚人。同樣地，當父母過分重視便溺問題時，孩子很有可能通過他們的尿床來表明：他們有自己的意志。

夜尿症還給了我們一個很好的例子，解釋夢怎樣引發出與我們即將做出的動作相對應的情感。尿床的孩子常常會夢見他們已經起床並且走到了廁所，他們用這種方式原諒自己後，便理所當然地尿在床上。夜尿症所要達成的目的通常是：吸引別人的注意力，使別人聽從他，要別人在晚上也像白天一樣地注意他。有時，這種習慣是一種敵意的表示，它是反抗別人的方法之一。不管是哪一個角度，我們都可看出：夜尿症實在是一種創造性的表達，孩子是在用他們的膀胱說話，而不是嘴。生理上的缺陷給了他一種表明自己態度的途徑。

以此種方式表達自己的孩子總是處於一種緊張狀態中。他們通常屬於受寵兒童這個群體。也許是因為另一個孩子出生了，他們發現再也難以得到父母的全部關愛，因而失去了唯一關注焦點的地位。所以尿床代表了一種想要與母親保持密切聯繫的行動，即便它是透過一種不愉快的方式。它有效地說明了：「我並非你想像的長得那麼快，我還需要被人照應。」在不同環境下或者在不同的器官缺陷下，他們會選擇其他方法。比如，他們可能會使用聲音來建立聯繫，他們會在這種情況下徹夜不休地哭鬧。一些兒童會夢遊、做噩夢、跌下床，或者口渴要水喝。這些行為背後的心理動機都是相似的。這些病徵的選擇，一部分取決於自身的身體情況，一部分取決於對環境的態度。

這些例子都很清楚地顯示出心智對身體的影響。事實上，心智不僅能影響某種特殊病徵的發展，還能影響整個身體的結構。雖然還沒有足夠的證據證明這個說法的絕對正確性，但是已有一些可以佐證的例子。如果一個孩子是膽小的，他的膽小便會影響到他的整體發展。他不會在意自己在體格上的成就，甚至不敢想像自己能有多麼強壯。結果，他便不會採用有效的方法來鍛鍊自己的身體，也會忽視讓人想鍛鍊肌肉的所有外來刺激。對鍛鍊自己肌肉有興趣的其他孩子在體格健美方面遙遙領先時，他卻由於缺乏興趣而落在他人後面。

由上述的觀察現象，我們可以據此合理結論，身體的整體形象和發展不僅受到心智的影響，還能反映出心智的錯誤和缺點。我們常常能夠看到一些生理情況很明顯就是心智問題所造成的後果。例如，我們已經確知，在生命最初的四、五年間，人的內分泌腺也會受到心智的影響，雖然有缺陷的腺體不會對行為產生強迫性的影響；但另一方面，整體環境、兒童找尋接受印象的方向，以及心智在感興趣的環境中的創造性活動，都會不斷地影響腺體。

還有一種我們較為熟悉的可以證明心智對身體影響的行為，它可以引起的是一種暫時性而非永久的症狀。實際上，每一種情緒都是通過身體表現出來的，也許是他身體的姿勢或態度，也許是他臉部的表情，也許是他的腿或膝蓋的顫抖。例如，當他臉色變紅或發白時，說明他的血液循環也發生了變化。在憤怒、焦急或憂愁的狀態之下，身體都會說話。不同的肢體語言表達不同的情緒狀態。

當處於害怕的情境中時，有的人會全身發抖，有的人會毛髮直豎，有的人會心跳加快，還有些人會冷汗直流、呼吸困難、聲音變啞、全身搖晃而畏縮不前；有的人還會身體失衡，或者食欲不振、噁心想吐；還有的人膀胱功能會受到害怕情緒的影響，甚至有時這種情緒會影響到性器官。很多孩子在考試的時候，會感覺到自己的性器官受到刺激。有些罪犯在犯了罪之後，常常會跑去找妓女，或去找他們的女友，這也是眾所皆知之事。在科學的領域中，我們看到許多心理學家宣稱性和焦慮有密不可分的關聯，而另外的心理學家卻主張它們之間一點關係也沒有。他們的觀點是依據各自的主觀經驗得來的，所以對某些人來說，它們之間有關聯，對其他人來說則沒有關係。

所有的這些反應都屬於不同類型的個體。研究顯示，這樣的反應在某種程度上是由遺傳而來的，而這些不同的身體表現也經常能給我們許多暗示，讓我們看出其家族的弱點和特質，因為同一家族的其他成員也可能做出非常類似的身體反應。然而，這裡最有趣的事情是，我們可以通過人們的反應來觀察心智是如何利用情緒來激起身體的特定反應。

情緒和它在身體上的表現告訴我們，心智在一個被它判斷為有利或有害的情境之中，是如何做出動作與反應。例如，當一個人發脾氣時，他就是想儘快地搞定他所面對的困難。對他來說，最好的解決方式就是打擊、辱罵或詆毀另一個人。反過來，憤怒也會影響到人體器官，有些人在生氣時會胃痛，臉孔也會漲得通紅，他們的血液循環改變的程度甚至會使他們頭痛。我們發現，一個人在偏頭痛或習慣性頭痛的背後，通常隱藏著被壓抑的憤怒或羞辱。而對某些人來說，憤怒還可能引發三叉神經痛或癲癇發作。

我們從未徹底探究過心智究竟是怎樣影響身體，而我們也從沒有完全地了解過它們。精神緊張時，自主神經系統和非自主神經系統兩者都會受到影響，只要一緊張，自主神經系統一定會有所動作。有些人可能會拍桌子、咬嘴唇或撕紙片，只要他一緊張，必然會做出某種動作，咬鉛筆或指甲都是發洩緊張情緒的方式。這些動作告訴我們，他對自己所面臨的情境已經覺得受不了了。當遇見陌生人時，會不由自主地變得面紅耳赤、手足無措、肌肉顫抖，這也都是緊張的結果。緊張能經由非自主神經傳至全身，因此，這種情緒發生時，人的整個身體都會處於緊張狀態中。然而這些緊張症狀並非一定如上述的案例般這麼明顯，我們只是把神經緊張引起的身體反應在此引述。

如果進行更深入的研究，我們會發現身體的每個部位都與某種情緒表達有關，而身體的表現形式也是心智和身體之間交互作用的結果。通常來說，尋找這些身體作用於心智和心智作用於身體的相互作用是非常重要的，因為它們都是我們所關心的整體的一部分。

通過這樣的證據，我們可以得出這樣的結論：一個人的生命風格跟相對應的情緒氣質，會不停地對身體發展產生影響。一個人的性格和生命風格在兒時就已經成形，如果我們本身有足夠的經驗，我們就可以預見在他們之後的人生中，會產生身體上的影響。勇敢的人會把他的態度表現在他的體格中，他的肌肉會比較強壯，體態也比較優美，他的臉部表情也會和普通人不一樣，這些都導致他的整體外形異於常人，甚至連他的骨骼構造也不同於其他人。

如今，我們已經證實心智能夠影響大腦。病理學的許多個案顯示：一個人如果左腦受損便會喪失閱讀或書寫能力，但是如果訓練大腦的其他部分來接管這一功能，讀或寫的能力又會失而復得。有些中風患者，他們的大腦受損嚴重，已經完全沒有復原的可能性，可是大腦的其他部分卻能透過訓練補償缺失的功能，從而使大腦的功能再度恢復。這一點對於個體心理學來說尤其重要，可以應用於教育方面。如果心智能夠對大腦施加這樣的影響，如果大腦只不過是心智的工具——雖然是最重要的工具，但仍然只是工具而已——那麼我們就能找出發展或增進這種工具的方法。大腦生來便有缺陷的人，不必一生都受限於無可逃避的拘束之中，他可以透過訓練找出使大腦更適合於生活的方法。

當心智將目標的方向定位錯誤時——例如，沒有發展合作的能力——心智對大腦就不會產生有益的影響。因此，我們發現許多缺乏合作能力的兒童在以後的生活中，總顯得缺乏智力和理解能力。從成人的舉止，我們可以推斷出他們在四、五歲時對生活的認知，他們對世界的看法，以及他們對生命所賦予的意義，我們可以看出他們在合作方面所遭遇的阻礙，且可由此幫助他們糾正自己的失敗。在個體心理學中，我們已經朝這門科學踏出了第一步。

性格與體態

許多學者曾指出：在心智和身體的表現之間，存在著一種常態的關係。但是，他們之中卻似乎沒有哪一個人曾經試圖找出兩者之間的確實關係。例如，克雷奇默*曾告訴我們如何從身體的結構中，看出一個人是和哪一類型的心智特徵互相對應，這樣，我們就能把大部分的人類區分成許多類型。比方說，圓臉、短鼻子的人有肥胖傾向，就像莎士比亞在《凱撒

*恩斯特·克雷奇默（Ernst Kretschmer）是德國精神病學家和心理學家。

大帝》中的描述一樣：

我願四周都圍繞著肥胖的人，
他們有圓溜溜的肩膀，能吃能睡。——《凱撒大帝》第二場第一幕

克雷奇默認為這樣的體格和某些心理特徵有關，但他卻沒有說明其間為什麼會有關聯。依據我們的經驗，具有這種體格的人似乎都不會有身體上的缺陷，他們的身體跟我們的文化也非常匹配。在體格上，他們覺得能和別人一較長短。他們對自己的強壯有充分的信心。他們不緊張，如果他們希望和別人競爭，他們也會覺得能夠全力以赴。然而，他們卻沒有把別人當做敵人看待的必要，也不需要把生活當做是充滿敵意般的掙扎。心理學中有一派把他們稱為性格外向的人，但卻沒有說明為什麼如此稱呼他們。我們認為他們外向，是因為他們未曾因其身體而感到任何困擾。

克雷奇默區分出的另一個相反類型是神經質的人。他們有些很瘦小，通常是高高瘦瘦、鼻子很長，臉形則是橢圓的。這種人不愛說話，性格內

向，受到心理刺激困擾時，容易患上思覺失調症（或稱精神分裂症）。《凱撒大帝》中對這種人也有描述：

那兒的卡修士面黃肌瘦，
只因他想太多；這樣的人很危險。——《凱撒大帝》第二場第一幕

這種人很可能因為蒙受身體缺陷之苦，而變得自私、悲觀、內向。他們要求的幫助也許比別人多，當他們覺得別人對他關心不夠時，他們會變得怨恨而多疑。不過，克雷奇默也承認：我們能發現許多混合的類型，即使是肥胖型的人也可能產生屬於瘦長型的心理特徵。我們不難了解：假如他們的環境以另一種方式加給他們許多負擔，他們也會變得膽小而沮喪。我們也許可以通過一系列計畫好的挫折，把任何一個小孩變成舉止像神經質的人。

如果我們有豐富的經驗，我們便能從一個人的各種表現中看出他的合作能力，我們一直都在找尋這種表現的特質。在生活中我們發現了合作的

重要性，我們也感受到設立正確目標的重要意義。我們知道，在每次歷史發生重大變革之前，人類的思想都已認識到必須做出改變，並努力促成這個改變。然而，這種奮鬥如果單靠本能來決定，便很容易犯下錯誤。同樣地，人們總是不喜歡有非常明顯生理特徵的人，例如身體畸形或是駝背者。人們對他們雖然還不十分了解，可是卻已經早有成見地認為他們不適於合作。這是一種很大的錯誤，不過，他們的成見也可能是以其經驗為基礎的。目前還沒有發現有效的辦法，可以提升與這些有明顯生理特徵之人的合作程度。因此，他們的缺陷便會更加凸顯，而他們也會因此成為一般大眾迷信之下的犧牲品。

現在，讓我們做一個總結。在生命的最初的四、五年裡，兒童努力整合其心智，並在心智和身體之間建立根本的關係。他會採用固定的生命風格，以及相應的情緒和身體習慣。他的發展包括或多或少、不同程度的合作，這來自於我們學習如何判斷和理解個體合作的程度。比如失敗者最常見的共同點是他的合作能力非常低。現在，我們可以給個體心理學一個更進一步的定義：它是對合作缺陷的了解。由於心智是一個整體，一個人的人生態度會影響他的一生，一個人的情緒與思考也會和生命風格相呼應。如果我們看到某種情緒很明顯地出現了問題，而且違反了個人的利益，那麼想要擺脫這種情緒是完全沒有用的，必須從人生態度上進行改變，才能連根拔起，因為這種情緒也是生命風格的真實展現。

在此，個體心理學對教育和治療的未來提供了新的啟示。我們不能只對某個單一症狀或者某人個性的單一面向處進行治療。我們必須在整個生命風格中、在心智解釋其經驗的方式中、在它賦予生命的意義中，以及它為回應從身體和環境接收到的印象而做出的行動中，找到它所犯的錯誤。我們必須對一個人的整體生命風格進行解讀，從中找出他的錯誤認定。這才是心理學真正該做的工作。至於拿針刺小孩，看他能跳得多高，或用手搔癢，看他會笑成什麼樣子，這些實在不宜稱之為心理學。這些做法只能表明一個人當下的特定反應和行為，不能說明他整體的心理狀態。

生命風格是心理學最主要的研究對象，而那些著重於其他主題的心理學家，大部分從事的都是生理學和生物學的研究。這些人之中，有的研究刺激和反應，有的企圖找出創傷和打擊對人的影響，有的則著手檢驗遺傳能力並觀察這些能力的發展方式。然而，在個體心理學中，我們考慮的是心理本身，也就是心智整體。我們研究的是個人賦予這個世界和他們自身的意義、他們的目標、他們奮鬥努力的方向，以及他們對生活問題的處理方式。迄今為止，我們理解個體的最好指引，就是觀察其合作能力的高低。

第三章 自卑感和優越感

自卑情結是個體心理學最重要的發現之一，這個名詞現在已經世人皆曉。然而，告訴病人他正蒙受著自卑情結之苦是沒有什麼用的，這樣做只會加重他的自卑感，卻沒有告訴他該怎麼去克服。

自卑情結

「自卑情結」是個體心理學最重要的發現之一，這個名詞現在已經世人皆曉。許多學派的心理學家都採用了這個名詞，並在他們自己的實務中加以使用。然而，我不敢確定他們是否都充分了解這個名詞的意義或將其用在正確的地方。例如，告訴病人他正蒙受著自卑情結之苦是沒有什麼用的，這樣做只會加重他的自卑感，卻沒有告訴他該怎麼去克服。我們必須從他的生命風格中覺察出他的內心所感受到的氣餒是什麼，並在他缺少勇氣時鼓勵他。每一個神經質患者都有自卑情結，但我們不是依據這點為患者診治。如果我們對病人說：「你正遭受著自卑情結之苦！」這樣根本無法幫助他增加生活的信心，因為這就等於告訴一個患頭痛症的人：「我知道你怎麼了，你就是頭痛！」說這些毫無意義。

有許多神經質患者如果被問到他們是否覺得自卑時，他們會搖頭說：

「不。」有些甚至會說：「正好相反。我很清楚，我比四周的人都厲害！」所以，我們不必問他們，我們只需注意他們的個人行為。在他的行為裡，我們可以看出他是採用什麼手段不斷向自己保證自我的重要性。例如，假如我們看到一個傲慢自大的人，我們能猜測他的感覺是：「別人都瞧不起我，我必須表現一下，讓他們知道我是何等人物！」假如我們看到一個在說話時手勢、表情過多的人，我們也能猜出他的感覺：「如果我不強調一下我說的話，別人就不會重視！」在舉止間處處故意要淩駕於他人之上的人，我們不得不懷疑：在他背後是否有需要他做出特殊努力才能消除的自卑感。這就像是怕自己個子太矮的人，走路時總要踮起腳尖，才能讓自己看起來高一點一樣。兩個小孩子在比身高的時候，我們常常可以看到這種行為，怕自己個子太矮的人，會挺直身子並緊張地保持這種姿勢，以便讓自己看起來比實際高度要高一點。如果我們問他：「你是否覺得自己太矮小了？」我們幾乎不用期望他會承認這一事實。

所以，我們不能認為有強烈自卑感的人就一定是柔順、安靜、拘束而與世無爭的人。自卑感會讓他們千方百計地表現自己，也許我能夠用三個孩子初次到動物園的故事來說明這一點。當他們站在獅子籠前面時，第一個孩子躲在母親的背後，全身發抖地說：「我要回家。」第二個孩子站在原地、臉色蒼白地用顫抖的聲音說：「我一點也不害怕。」第三個孩子目不轉睛地盯著獅子，並問他的媽媽：「我能不能向牠吐口水？」事實上，這三個孩子都感到渺小與自卑，但是每個人的表現卻不同，因為他們是按照各自的生命風格來做出反應。

我們每個人都有不同程度的自卑感，因為我們都想讓自己更優秀，讓自己過更好的生活。如果我們一直保持著勇氣，便能以直接、實際而完美的方法改變生活，逐漸擺脫自卑感。沒有人能長期地忍受自卑感，人們一定會採取某種行動來解除這種張力狀態。即便一個人已經失去自信，不再認為自己可以透過腳踏實地的努力來擺脫自卑感，他依舊無法忍受自卑感的折磨，會繼續設法來擺脫它們，只是他所採用的方法是不切實際的。他的目標仍然是「淩駕於困難之上」，可是他卻不再設法克服困難，反倒用一種優越感來自我陶醉或麻木自己。同時，他的自卑感會愈積愈多，因為造成自卑的原因仍然一成未變，問題也依舊存在。他所採取的每一個自欺欺人的行動，結果讓他的處境越來越急迫。如果我們只看他的行為，而不深入去了解，我們會認為他的行為漫無目標，對生活也毫無期待，安於現狀。我們所看到的是：雖然他也像其他人一樣，努力地讓自己活得瀟灑，卻看不出有想改變生活的希望。如果他覺得軟弱，他就會跑去一個使自己覺得強大的環境中尋求庇護，而不是想辦法把自己鍛鍊得更強壯、更有適應能力，自我欺騙的努力只會獲得部分的成功。如果在工作的時候，他覺得自己力不能及，回到家後，便會表現得像個暴君，以此來重新肯定自己的重要性。他可以用這種方式來麻醉自己，但是他的自卑感仍然原封未動，時間久了，就會變成一種固定的情結，只要有相同的事情發生就會引起他的自卑，變成精神生活中長久潛伏的暗流。在這種情況下，我們便能稱之為「自卑情結」。

講到這裡，我們應該給自卑情結下一個定義。當一個人對面臨的問題沒有做好恰當的準備或者應對，並且相信自己真的無法解決時，自卑情結就出現了。由這個定義我們可以看出：憤怒就像眼淚或者道歉一樣，都是自卑情結的表現。由於自卑感會讓人感到壓力很大，所以人們會透過尋求優越感的方式來釋放壓力，補償自己，但這種方式是不能解決根本問題的，而是走向了生活的無用面，只是把真正需要解決的問題擱置一旁。此時，個體會嘗試限制行動的範圍，以避開失敗，而不是追求成功。他在困難面前會表現出猶疑、彷徨，甚至是退縮的舉動。

這種態度可以在患有公共場所恐懼症的個案中很清楚地看出來。這種病徵表現出一種信念：「我不能走得太遠。我必須留在熟悉的環境裡。生活中充滿了危險，我必須避免面對它們。」當腦海中充滿了這種信念時，個人會把自己關在房間裡，或待在床上不肯下來。

面對困難時，選擇退縮最為極端的一種表現就是自殺。此時，個人對所有的生活問題都已經放棄了尋求解決的方法，他表現出來的信念是他對改善自己的情境已經完全無能為力。如果自殺這種方式能看做是一種責備或報復他人的方法時，他們便會用自殺的方式來獲得優越感。在每個自殺案件中，我們總會發現，死者一定會把他死亡的責任歸之於某一個人。自殺者彷彿在說：「我是所有人類中最溫柔、最仁慈的人，而你卻這麼殘忍地對待我！」

每一個神經質患者多多少少都會限制自己的活動範圍，以避免跟外界有過多的接觸。他盡力要與生活中必須面對的三個重要的生命問題保持一定的距離，並將自己侷限在能夠主宰的環境中。他以這種方式為自己建造一個狹窄的牢籠，關上門，遠離風雨、陽光和新鮮的空氣，過自己的生活。至於他是用霸凌還是用抱怨來主宰環境，都取決於他的經驗：他會選擇已經過測試、最好的、對其目的最有效的策略。有時候，如果他對某一種方法不滿意，他就會試試其他種方法。無論如何，目標都一樣——獲得優越感，而不是致力於改善情境。

比如缺乏勇氣的孩子發現眼淚是駕馭別人的最佳武器時，就會變成愛哭鬼，而愛哭的孩子又很容易變成患有憂鬱症的成人。眼淚和抱怨——我稱之為「水的力量」的方法——是阻礙合作並將他人貶低為奴役的最佳武器。對於這類人而言，和害羞、尷尬以及內疚感的人一樣，我們會在其外表上發現自卑情結，他們會輕易地承認自己的不足，以及無能為力照顧自己。他們隱藏起來而不為人所見的是至高無上的目標，和不惜一切代價想要超越別人的渴望。相反的，一個喜歡自吹自擂的孩子會給人優越情結的第一眼印象，可是如果我們觀察他的行為而不是他說的話，那麼我們很快就會發現不被承認的自卑感受。

所謂「伊底帕斯情結」（也稱戀母情結），事實上只是神經質患者「窄小牢籠」的一個特殊例子而已。一個人如果害怕面對有關愛情的問題，他便無法成功地擺脫他的神經質症狀。假如他把自己的活動範圍局限在家庭圈子中，那麼他的性欲問題也只能在家庭中尋求解決，這是不足為奇之事。由於他的不安全感，他從未把自己的興趣擴展到熟悉的幾個人之外。因為他已經能很熟練地掌控這一範圍內的人，如果接觸新的人，他擔心不能再依照他習慣的方式來控制其他人。

有伊底帕斯情結的人多是被母親寵壞的孩子，在他們的成長過程中，他們認為自己的每個願望都是命令，而且從來都不知道他們可以憑自己的努力來贏取家人以外的溫暖和愛情，長大之後，他們仍然會依賴母親。在愛情裡，他們尋找的並不是平等的伴侶，而是一個為他們服務的僕人；而他們最忠實的僕人就是他們的母親。每一個被母親寵壞的孩子都可能有伊底帕斯情結，母親不讓他們逃出自己的世界，也不讓他們與父親過於親密。

所有的神經質患者都有著行為受到侷限的症狀。從口吃者身上，我們便能看到他猶豫不決的態度。他想要與人交流，但他的自卑感又讓他害怕不能順利完成，於是說話時就會表現出猶豫的樣子。那些學校的後段班學生、到了三十多歲都沒找到工作的人、那些到了適婚年齡仍避談婚姻的人、那些必須反覆做出同一種行為的強迫性神經質患者，以及因日常任務而感到十分厭倦自己的失眠症患者——所有這些人在解決生活問題時都隱藏了阻礙他們取得進步的自卑情結。手淫、早洩、陽痿和性欲倒錯都顯示出一種猶豫不決的生命風格，以及隨之而來的是和異性接觸時出現了自信不足的恐懼。假如我們問：「為何出現了自信不足的恐懼？」我們就會發現這種感受還伴隨著一個至高的目標，而對這問題的唯一答案只會是：「因為這些人為自己設立了太高的成功目標。」

我們已經講過，自卑感並不是一種異常的感受，它是推動人類進步的動力。例如，科學的興起就是因為人類感到自己的無知，認識到自己需要為自己的未來做準備。這種感受的出現源於人類想要取得巨大的進步，想對宇宙做更進一步的探知，以便更有能力對應這個宇宙。可以說，自卑感是人類文化的基礎。假如我們想像一個不感興趣的外星觀察者造訪我們的星球，那麼他會堅定地得出結論：「這些人類啊，看他們所有的社會和機構，看他們為了安全所做的所有努力，如擋雨的屋頂、保暖的衣服、使交通更便捷的街道——很明顯他們感到自己是地球上所有居住者中最弱小的。」人類在某種程度上是最脆弱的生物，我們沒有獅子或者大猩猩的力量，也不具備很多動物所擁有的自我保護的能力。一些動物通過聯盟來補償自己的不足——牠們成群結隊地群居在一起，但是人類比我們在世界上發現的其他任何生物都需要更多樣以及更根本的合作。

兒童尤其脆弱，他需要大人多年的照顧和保護。因為每個人都曾經是最年輕、最脆弱的嬰兒，如果人們不合作，就會完全受到環境的支配，所以我們不難了解，假如一個人在童年時期沒有學會合作，他必然會發展成悲觀主義者，而且還會遭受持久的自卑情結的困擾。我們也能了解：即使是具備良好合作能力的人，也難免會遇到生活中各式各樣的問題。沒有哪一個人會說自己已經是一個完人，可以解決生活中所有的問題。人的一生很短暫，生命也很脆弱，生命中的三大問題也在不斷地要求更豐富與更完善的解決方式。我們所找到的總是一個暫時的解決方案，而我們也永遠都不會滿足於自己的成就而止步不前。無論如何，奮鬥總是要繼續下去的，但是只有與他人合作，個體的努力才能成為有希望、有用的奮鬥，我們才能在共有的處境中取得真正的進步。

我認為，我們沒必要擔心自己永遠無法達到最終的目標。想像一下，如果一個人或者全人類已經解決了生命中所遭遇的所有問題，一切將會是什麼樣子呢？這樣的生活肯定是非常沉悶的：每件事都能夠被預料到，明天不再充滿不可預知的機會，對未來，我們也沒有什麼可以期待的。事實上，我們對生命的樂趣主要是來自於不確定性。如果我們對所有的事情都已肯定，對未知的一切都已知曉，那麼討論和發現便不復存在，科學會停止發展的腳步，整個宇宙也將按照寫好的劇本繼續演出，為我們提供奮鬥目標的藝術和宗教也不再有任何意義。幸好，生活並不是如此，生命的挑戰永無止盡，人類的奮鬥也會一直持續不斷，而我們也總是能夠發現新的問題，為合作和奉獻創造新的機會。

然而神經質患者在初入社會試圖解決問題時，就遭遇了阻礙，導致他解決問題的方式始終停留在膚淺的水平上，他所面臨的困難也相對地比其他人更大。正常人一般會合理地解決所遇到的問題，也不會抗拒新問題出現；在尋求解決的過程中，他對社會也做出了貢獻，他不想成為其他人的負擔，也不需要他人特別的照顧，他能夠依循心中的社群情懷以及自己的需要，獨立而勇敢地解決自己的問題。

追求超越

每個人都在追求屬於自己獨有的一種優越感，它取決於個人賦予生命的意義。而這種意義不單單是言語上的意義，它會通過生命風格表現出來，像是一個獨特的生命基調貫穿人的一生。然而，從一個人的行為表現裡，我們並沒有找到明確的目標，我們只能透過他的行為舉止來推測。理解某人的生命風格就像理解一位詩人的作品一樣。詩雖然是由文字組成的，但是它的意義卻超出文字的表面意思，我們必須在詩的字裡行間推敲它大部分的意義。因此，一個人的生命風格是最深刻、最複雜的創作。心理學家必須學習如何在其舉止表現中解讀出生命的意義，必須學會欣賞生命意義的藝術。除此之外，別無他法。

生命的意義出現在生命最初的四、五年。它的出現不是通過一種數學運算過程，而是經過暗暗摸索、我們體驗到一些不能完全理解的感覺，以及捕捉到一點暗示，即粗淺地給出解釋。同樣地，我們也是通過摸索和猜想來確定我們的優越感目標，它是我們對生活的一種追求，一種前進的動力，而不是地圖上一個靜止的點。沒有人能說清楚他所追求的優越感是什麼，他也許知道他的職業目標，但這只不過是他畢生奮力追求的目標之中一小部分而已。即使目標已經被具體化，抵達目標的途徑也是千變萬化。例如，有一個人的夢想是成為一名醫生，醫生需要具備很多素養，他不但要有醫學專業知識，還要有仁慈心。我們要看他是否更善於關心他人，從這一點，我們可以知道這個職業是他用來補償自卑感的一種方法。而通過他在職業或其他地方的行為，我們也能猜測出他所要補償的是哪種感覺。例如，我們經常發現，很多醫生在小時候就已經面對過死亡，死亡做為人類不安全的一面，給他們留下深刻的印象。也許兄弟或者父母去世了，他們以後的鍛鍊發展，就在於為自己和別人找到面對死亡時更安全的方式。

還有人立志要當老師，但是我們也很清楚，老師也是良莠不齊。假如一個老師的社群情懷很低，那麼他做老師的優越感目標可能是控制比他地位低下的人。他只有與比自己更弱小、更沒經驗的人相處時，才會感到安全。有著高度社群情懷的老師會平等對待他的學生，他是真正想對人類的福祉做出貢獻。我們在此無需多提不同老師之間的能力和興趣可能會有多大差異，以及他們的目標有多麼重要。當目標具體化之後，就必須要減少和限制個體的潛力以適應這個目標；但是整個目標和原型都會在這些限制下徘徊前進，無論在什麼情形下，都會找到方法來表達生命賦予的意義，以及爭取優越感的最終理想。

因此對於每一個人，我們都必須深入其裡。一個人可以輕易地改變他的具體目標，如換各種職業，所以，我們必須找出他內在的一致性，也就是人格的整體。這個整體無論是用什麼方式表現，它總是固守著一貫風格。如果我們拿一個不規則三角形，把它放在不同的位置，那麼我們看它時就會有不同三角形的樣子。但是追根究柢，這個三角形始終都是同一個。我們的性格也是如此：我們無法從一個人的某一個行為舉止上找到它，但從一個人全部的表現中我們可以認出它的廬山真面目。我們絕對不可能對一個人說：「如果你完成了這件事，從此你的人生目標就完成了，也滿足了你對優越感的追求。」人們對優越感的追求是彈性變動的，實際上，一個人越健康、越正常，當他在某個特定方向受到阻礙時，他就越會發現努力的新機會。只有神經質患者才會只認定一個目標，他們會說：「我只要這個，其他的都不行。」

我們不打算對人們追求優越感過程的特殊情況做評價，但是我們發現了一種共同的目標——成為神的努力。我們有時會發現，兒童以這種方式相當坦率地表達自己並說道：「我想成為上帝。」許多哲學家也有同樣的理想，連教育家也希望把孩子培養成聖人。在古老的宗教訓練中可看到同樣的目標；信徒必須以修煉得像是上帝的方式來訓練自己。成為上帝的理想以更謙虛的方式在「超人」的理想中表現出來。我不需再多說什麼，尼采發瘋之後，在寫給史特林堡*的一封信中，曾經署名為「被釘在十字架上的人」。

精神錯亂者常常毫不掩飾地表達他們的優越感目標。他們會宣稱「我就是拿破崙」或者「我就是中國的皇帝」。他們希望成為整個世界注意的中心，成為各方的關注，用無線電與整個世界聯繫，聆聽所有談話，預測未來，成為超自然力量的主宰。

也許，成為神的目標會以一種更合理的方式出現，渴望知道一切，擁有普世的智慧，或者希望生命長存。可是，無論我們是想讓生命不朽，或是讓生命輪迴，還是想預知另一個世界的不朽，這些希望都是以渴望成為上帝做為基礎的。在宗教的教導裡，上帝就是永恆，可以世世代代永存。在此我不探討這些觀念對錯與否，這些都是對人生的解讀，都是生命的意義。我們也都有這種認知，即上帝至高無上，並且想讓自己像上帝一樣。即便是無神論者也想著與上帝抗衡，也想要超過上帝。我們可以看到，這是一種特別強大的優越感目標。

一旦一個人的優越感目標得到確定，在生命風格中就不會發生什麼錯誤，所有行動都會為此目標服務。他們不會在乎這些行動是否正確，對其他人或事是否會產生影響，他們只在乎是否有利於達成優越感的目標，不受批判所責難。每一個問題兒童、每一個神經質患者、每一個酒鬼、罪犯或者性變態者都正採取合適的行動，來達到他們想要的優越位置。他們不可能攻擊自身的症狀，這些症狀就是為了擁有這種目標而應有的症狀。

有個學校的男孩是班裡最懶惰的學生，老師問他：「你為什麼功課如此之差？」他回答說：「如果我是這兒最懶惰的學生的話，那麼你會一直關注我。你絕不會注意好學生，因為他們絕不會搗亂，而且成績又好。」一旦這成了他獲取注意、支配老師的目的，他就會尋找最好的方法達成目的。對他而言，嘗試擺脫懶惰毫無用處，因為他的目標需要它。他是完全正確的，如果改變了行為，他就會是個笨蛋。

＊奧古斯特．史特林堡（August Strindberg，一八四九－一九一二年）是一位瑞典作家、劇作家和畫家。

另一個男孩在家裡很聽話，卻看起來傻乎乎的，他是學校後段班的學生，在家裡一點也不機靈。他有個哥哥大他兩歲，生活風格跟他完全不同。哥哥很聰明也很活躍，但是生性魯莽，總是惹出不少麻煩。一天，有人聽到弟弟跟哥哥說：「我寧可是笨蛋，也不願像你那麼莽撞。」假如我們承認了他的目標是逃避困難，那麼他的愚笨根本就是裝傻。因為愚笨，別人對他要求很少。如果他承認了錯誤，就不會受到指責。從他的目標來看，他是裝傻，而不是愚笨。

設立有意義目標

直到今天，我們處理問題的方式都還是流於解決表面的症狀。但是無論是從醫學還是教育上來講，個體心理學都不贊成這種做法。如果有一名孩子的算術差，或者在學校表現糟糕，當我們將注意力只集中在這些方面，並試著讓他在這些特定表現上有所改進，那是毫無用處的。也許他想使老師煩惱，甚至是想透過被開除來完全逃避學校。如果我們在某一點上糾正他，他就會尋找新的方法實現目標。

這和神經質患者的情況是類似的。例如，有個人患有偏頭痛，頭痛也成了他解決問題的一個手段，當他在遇到困難時，頭痛就立刻發作。由於他的頭痛，他可以免於解決許多社交問題，每當他必須會見陌生人或做新決定時，他的頭痛便會發作。同時，頭痛還使他有藉口對他的部屬或妻子和家屬濫發脾氣。我們怎麼能夠期望他會放棄這麼有效的工具呢？在他看來，這是再聰明不過的投資，能夠為他帶來渴求的回報。我們只有用頭痛會致命這個理由，才能「嚇走」他的病症，就像用電擊能治好士兵不敢上戰場的病症一樣。也許藥物治療可以緩解他的病症，但即使消除了頭痛的病症，他還是會去尋找新的方法來達到他的目的，比如失眠或其他新的症狀。只要他的目標依舊未變，他就必須用盡一切方法來達到。

有一種神經質患者能夠以驚人的速度甩掉他的病症，並毫不遲疑地再選用一種新的病症。他們是神經質病症的專家，不斷地擴展著自己的看家本領。我們給他閱讀心理治療的書籍，等於是給他增加了發現新病症的機會。因此，我們需要一直尋找的，便是患者利用這些症狀的目的，以及與這個目的相符的優越感目標。

設想一下，有人給我上課的教室送來一把梯子，我爬上去了，坐在黑板頂端。任何人看到也許會想：「阿德勒博士太瘋狂了。」他們不清楚梯子有何用處，我為何爬上去，或者我為何會坐在這麼尷尬的位置。但是如果他們明白，我想要坐在黑板頂端，是因為想要讓自己高過於其他人，這樣我就能感到安全、有優越感，就不會感到自卑。這麼一來，他們便不會認為我是不可理喻的瘋子了，就會覺得我拿梯子、爬梯子的舉動是可以理解的事情。

我的瘋狂體現在一個點上——我對優越感的理解。假如有人說服我，我的具體目標是種錯誤的選擇，那麼我會改變行為。但是假如我的目標一直不變，而梯子又被移走了，那我就會用椅子再試試；如果椅子再被拿走，我會再以跳躍、攀登、用力攀爬等方式來看看我能做什麼。每個神經質患者都一樣：他對意義的選擇沒有任何錯誤，而且這樣做無可非議。需要改進的是他們的目標，而不是他們的行為。只要具體目標改變了，他們的行為才會跟著改變。他們將不再需要舊的習慣與心態，因為與新目標相匹配的新習慣、新態度很快就會替換舊的。

讓我舉一位前來向我求助的三十歲婦女為例，她患有焦慮症，無法與人交朋友。這名女子無法靠工作養活自己，結果仍然要仰賴家庭供給生活所需。有時候她也能做一些類似祕書或打字員的小工作，但不幸的是，她遇到的雇主總是想向她獻殷勤，這讓她感到非常煩惱，不得不離職。然而，有一次她找到一個職位，這次她的老闆似乎對她毫無興趣，結果她反倒覺得受到輕視，便憤而辭職了。她接受心理治療長達數年之久——我想有八年之久，但是對她的治療卻未能使她更容易與人相處，或讓她找到可以謀生的工作。

當我與她會談時，詢問她幼年時期的生命風格，不了解一個人的幼年，就無法了解其成年。她是家中最小的孩子，嬌小可愛，從小就深受父母寵愛。那時候，她的父母經濟條件很好，她只要表達出希望，就會如願以償。

「為什麼？」當我聽到這些時，我說道：「你被寵得像個公主。」

「很奇怪，」她回答說：「以前每個人都喊我公主。」

我問起她最早的記憶。「當我四歲時，」她說：「我記得離開了家，發現了一些正在玩遊戲的孩子。每個人都跳啊、叫啊：『巫婆來了。』我很害怕。回家後，我問起一位和我們住在一塊兒的年長婦女，是否真的有女巫存在。她回答說：『是的，有女巫、盜賊和強盜，他們都會跟著你。』」

從此處我們可以看到，她很害怕被獨自留在家裡，並且在她整個生命風格中表達了她的恐懼。她覺得自己還不夠強大到足以離開家，家裡的人必須在各方面支持她、照顧她。她的另一段早期回憶是：「我有一位男鋼琴老師，有一天他想要親我。我停止了彈琴，跑去告訴母親。」我們在此也看到，她訓練自己與男性保持距離；而她在性方面的發展與保護自己免受傷害的目標一致。她認為沉醉於愛情是一種軟弱。

我在此必須要講，許多人沉醉於愛河時，都會感到軟弱；在一定程度上，他們是正確的。如果我們戀愛了，我們就必須溫和，我們對另一個人的興趣會給我們帶來困擾。只有優越感目標是「我決不能軟弱，我決不能暴露底細」的人，才會躲開愛情的相互依賴關係。這種人想從愛情裡脫離出來，而且對愛情準備不足。你常常會發現，如果他們覺得有墜入愛河的危險時，他們就會將情形弄糟。他們嘲笑、譏諷並揶揄那個可能讓他們墜入愛情危險的人。他們以這種方式嘗試擺脫軟弱感。

這個女孩當她考慮愛情和婚姻時，也會感到無力。當有男人在工作場合中向她示愛時，她會感到驚慌失措。她找不到任何出路，只有逃跑。當她依然要面對這些問題時，她的父母相繼離世，她的路走到了盡頭。她打算找親戚來照顧她，但是她的狀況又不令人滿意，一段時日後，親戚變得非常厭煩，不再給她所要的關懷。她很生氣地指責他們，告訴他們將她獨自留在家中是多麼的危險；她以這種方式暫時延緩了孤苦伶仃的悲劇。

我認為，如果她的家族成員完全不再為她操心，她一定會發瘋。實現她優越感目標的唯一方法，就是迫使家族成員支持她，讓她不用面對任何生活問題。她心中懷有這樣的想像：「我不屬於這個星球，而是屬於另一個，我在那兒是個公主。這個貧瘠的地球不了解我，不承認我的重要性。」如果再進一步多想的話，她就會精神錯亂；但是只要她自己有一些小策略，依然能得到親戚或者家中朋友的照顧，就不至於走到最後一步。

在此有另外一個例子，可以清楚地辨明自卑情結和優越情結。一位十六歲的女孩被帶到我這裡，她從六、七歲時就開始偷竊，從十二歲起就和男孩一起徹夜不歸。當她兩歲時，父母經過長期、痛苦的爭吵後離婚了。她被母親帶走，一起住在外婆家；外婆非常寵愛這個孩子。她是在父母爭吵得最激烈時出生的，她的母親並不歡迎她的到來。這個母親一點也不喜歡她的女兒，母女之間的關係很緊張。女孩來找我時，我以友好的方式和她談話，她告訴我：「我並不喜歡偷人家東西，也不喜歡和男孩混在一起，我這樣做，只是想讓我母親知道她管不了我。」

「你這樣做是在報復嗎？」我問她。「我想是的。」她回答。

她想證明自己比母親更強大；但她有這個目標，只是因為她感覺比母親更軟弱。她認為母親不喜歡她，她有自卑情結。她認為肯定她優越地位的唯一途徑就是製造麻煩。兒童有偷竊或者其他不良行為時，通常都是為了報復。

一個十五歲的女孩失蹤了八天。當她被發現並帶到少年法庭時，她講述了被一個男人拐騙的故事，這個人將她捆綁起來，把她鎖在房裡八天。

沒有人相信她的話。醫生親切地和她談話，催促她說出真相。她對醫生不相信她的故事大為憤怒，因此給了他一巴掌。當我看到她時，我問她想做什麼工作，並讓她留下我只對她的命運感興趣以及我能給她什麼幫助的印象。當我問她做過的一個夢時，她笑了笑，告訴了我以下的夢：「我在一家地下酒吧裡。當我出來時，我遇到了母親。父親一會兒也來了，我要母親把我藏起來，這樣父親就不會看到我。」

她很怕父親，也一直在反抗著他。父親過去常常懲罰她，因為她害怕懲罰，所以就被迫撒謊。如果我們曾聽過撒謊的例子，我們就務必要尋找一對嚴厲的父母。一般而言，一個人是沒有必要說謊的，除非說真話會給她帶來危險。另一方面，我們也看到，這個女孩與母親有一些合作。後來她告訴我真相，有人唆使她去地下酒吧，她在那兒待了八天。因為怕父親知道的緣故，所以不敢說出實情。但同時整個過程已告訴我們，她渴望戰勝父親。她覺得被父親壓制著，她只有通過傷害父親才會感覺到勝利者的滋味。

我們該怎麼幫助用錯誤方法追求優越感的人呢？如果我們認識到，對優越感的追求是所有人的通性，那麼這件事做起來就一點也不困難了。然後，我們便能將自己置身其中，同情他們的鬥爭。他們所犯的唯一錯誤就是他們的努力方向都指向了生活中無用的一面。在每個人類行為的背後都隱藏著對優越感的追求，它是對我們文化有所貢獻的泉源。整個人類生活沿著這條偉大的路線——由下到上、由負到正、由失敗到成功——向前推進。然而，只有在努力過程中表現出利人傾向，以及他們前進的方式也使別人受益的人，才是能真正面對並掌控生活問題的人。

如果我們以正確的方式對待別人，我們就不會發現他們很難被說服。人們對價值和成功的所有評判最終都建立在合作的基礎上，這是人類最偉大的共同點。所有我們對行為、理想、目標、行動以及性格特質的要求，都應該有助於人類的合作。我們從未發現完全缺乏社群情懷的人。神經質患者和罪犯也知道這一公開的祕密，比如他們會為自己的罪行辯解，也會為自己的行為找出說得通的理由。可是，他們已經喪失了正常人的勇氣，他們的自卑情結告訴自己：「合作中的成功不屬於你。」他們偏離人生的正確軌道，避開了生活中的真正問題，與陰影作戰，來不斷向自己保證我很強。

在人類的勞動分工中，存在許多安置具體目標的空間。我們說過，每種目標都可能或多或少有錯誤存在，而我們也總能找出一些可以挑剔的毛病。但是人類的合作需要各式各樣不同的才能。對於某個孩子來說，優越感來自數學知識，但對另一個孩子卻是美術，而第三個孩子的優越感卻來自於健壯的體格。消化不良的孩子可能以為他所面臨的問題，主要是營養問題，所以他的興趣可能轉向食物，因為他覺得這樣做便能改變他的身體狀況，結果他可能會成為專業廚師或營養學家。

從所有這些特別的目標中我們可以看出，與困境的真正補償措施同時存在的，有些是對可能性的排除，還有些是對自我限制而進行的訓練。例如，一個哲學家必須偶而將自己從社會中放逐，去靜心思考，去寫寫書。如果在追求優越感目標的同時，並未放棄高度的社群情懷，那麼即使這些目標有時不可避免也會引發一些錯誤，也就無傷大雅了。

第四章

早期的記憶

在所有的心理表現形式中，最能揭示真相的便是個人的記憶。記憶絕不是偶然的，個人每天都會接收數不清的記憶，但是他只會選擇記住那些對他所面對的問題有所影響的事情，即便非常模糊。

理解早期記憶

個人企圖達到優越地位的努力，是整個人格的關鍵，這一點在個體心智發展的每個環節都可以表現出來。認清這一點，就可以對個體生命意義有更準確的解讀。首先，按照上述觀點，個體的每個行為都有其奮鬥目標的烙印，所以對於個體任一行為的研究，都有助於我們認識其人格。其次，個體的任何言語、姿勢、行為都可以成為我們研究的資料，因此研究資料豐富。根據一個具體行為做出的評價和判斷難免片面，或帶有錯誤，但從個體千千萬萬行為表現中，我們都可以對錯誤進行糾正，最終我們與真實答案會越來越接近。這也說明，我們需要客觀分析每一個行為背後的意義。

我們如同考古學家一般尋找陶器的碎片、工具、建築的殘垣斷壁、破碎的紀念碑、紙莎草般的葉子。從這些支離破碎中，我們可推斷出一座早已消失城池的生活狀況。只是我們研究的並不是已經毀滅之物，而是一個人所有相互關聯的方方面面，一種逼真的個性，這種個性猶如一個萬花筒，全新地展現著其生命的解讀。

了解一個人並不是一件簡單的事。也許個體心理學是所有心理學中最難以學習和應用的。個體心理學要求我們既要關注人格的整體，多質疑，多思考，抓住關鍵點，又要求我們從細節入手，尋找人格分析的線索，比如一個人進入房間時，握手、微笑、打招呼的具體方式等等。從一個方面來了解個體，我們也許會陷入迷魂陣，但是從多個方面入手，我們犯認知錯誤的可能性必然降低。

我提倡生命在於合作，我認為心理治療本身就是一種合作練習，也是一個對合作的測試。只有我們真正關心他人，對與別人合作感興趣，我們才能獲得心理治療的成功。合作意味著雙向互動，意味著我們必須站在患者的角度去聽、去看，患者也必須願意與我們合作，配合治療，幫助我們了解他們。患者的態度和存在的問題都是我們研究的對象。有時候，我們覺得對其有足夠的了解，可這種了解往往並不是正確的，除非他也了解了自己，否則我們得到的結論經不起任何檢驗，也自然不能稱之為真相。

也許正是因為誤解了這一點，所以其他學派才會談到個體心理學治療中從不使用的「正移情和負移情」*等概念。寵愛一個習慣於被寵愛的患者可能是獲得其情感的一種簡單方法，但他對控制的渴望顯然一直潛藏著。如果我們輕視他、忽略他，我們就會很輕易地招致憎恨，他甚至會因此停止接受治療；即使他繼續接受治療，也可能強迫我們道歉來證明錯的是我們而不是他。事實上，無論是驕縱或是輕視，都達不到治療的目的，我們應該向他展示的是人與人之間的相互關愛。唯獨關愛才是最為真實、最為客觀的。為了他自己的利益，也為了別人的幸福，我們必須在找出他的錯誤的過程中與他展開合作。看清了這一目標，我們絕不會冒著令人激動的「移情」的危險，或是擺出權威的姿態，或是將他置於依賴和不負責任的位置。

在所有的心理表現形式中，最能揭示真相的便是個人的記憶。一個人的記憶是他隨身攜帶的載體，提示他自身的局限和某些事情的意義。記憶絕不是偶然的，個人每天都會接收數不清的記憶，但是他只會選擇記住那些對他所面對的問題有所影響的事情，即便非常模糊。因此，他的記憶代表了他的「生活故事」，為了獲取溫暖或是寬慰，他會對自己不斷重複這個故事，讓自己把注意力集中在自己的目標之上，並按照過去的經驗，準備用一種已經經過時間歷練的行為來面對未來。

從個人每天的行為中可以看到如何運用記憶來穩定情緒。如果一個人遭受了失敗，由此而沮喪，他就會想起以前失敗的情境。假如他患有憂鬱症，那麼他所有的記憶也都是憂鬱的。當他高興、勇敢時，他就會選擇其他記憶。他回想起的事情就是愉快的，它們堅定了他的樂觀精神。同樣地，如果他覺得自己面臨著困難，那麼他會喚起有助於解決眼下問題的記憶，來幫助他調適好準備應付問題的心境。

因此，記憶的作用就如同做夢。一個人在生活中遇到難題時，有時會夢見自己以前順利通過考試的情境。這是因為潛意識中，他將所遇看做是

*心理醫生替患者進行精神治療，必須追溯患者潛意識深處的隱祕癥結，而這種特殊的治療情境極易引起病人產生異常情感，把自己的感情需要轉移到心理醫生身上。「負移情」表現為病人憎恨、謾罵醫生；「正移情」則是病人愛上醫生。

一種考驗，而通過回憶考試的順利，給自己樹立成功積極的心態。牽動個人情緒變化的規律同樣適用於情緒結構的發展和平衡。如果一個患有憂鬱症的人，回想起的都是他過去的成功和得意時光，那麼他便不會再憂鬱；不幸的是，他總是回想起那些讓他消沉、不愉快的事情和時光。他常常對自己說：「我的一生充滿不幸。」然後便在記憶中搜尋那些能夠證明自己不幸命運的事件來回憶。

記憶絕不會與個體的生活模式背道而馳。一個總是覺得「別人都想看我笑話」的人，他的記憶中充滿的也都是被人侮辱的事情。只有他的人生態度發生改變，他的記憶色彩也才會隨之改變。人生態度改變了，認知觀念改變了，記憶中的事情才會有所改變，對於同一個事情，才會有截然不同的解釋。

關於早期記憶的六個案例

早期回憶有其特殊的重要性。首先，童年記憶已經有了個人人生態度的痕跡。我們從中可以判斷：一個孩子是否被寵愛或者被忽視；他與別人的合作，訓練到何種程度；他更喜歡與誰合作；他曾經面臨過什麼問題，以及他如何對付它們。比如，一個視力存在缺陷卻努力想看清周圍一切的人，我們可以從他的童年記憶中找到與視力有關的印象。他的記憶也許會這樣開始的：「我環顧四周……」或者，他會記得一些顏色和形狀。

那些生理上有殘疾的孩子，那些想走、想跑、想跳的孩子，他們的記憶也會與這些有關。童年記得的許多事件，必定與個人的主要興趣很相近，如果我們了解他的主要興趣，就會知道他的生活目標和生命風格。正是這個事實，使早期回憶在職業指導中尤其重要。我們進而可以看到兒童與母親、父親以及其他家庭成員的關係。記憶準確與否，相對而言並不重要。早期回憶的最大價值在於其代表了個體的判斷：「即使在童年，我也是這樣的人」或者「即使在童年，我就這樣看待這個世界了」。

這裡面最富有啟發性的就是孩子如何開始講述自己的故事，以及他能夠記起的最早事件。第一件記憶能表現出個人的基本人生觀，讓我們了解到他將什麼做為自己人生的起點。如果不詢問個體的最初記憶，我絕不會著手探討他的人格。

有時候人們回答不出來，或者聲稱他們不知道最初發生了什麼事，而這本身就具有啟示作用。我們可以推斷，他們不希望討論他們生命的基本意義，也沒有準備好合作。一般而言，人們都非常願意討論他們的最初記憶。他們認為這些記憶只是事實，並沒有意識到隱藏在它背後的意義。很少有人理解最初記憶。因此絕大多數人有可能透過他們的最初記憶，以完全中立又不使人為難的方式，承認他們的生活目的、他們對別人的關係，以及對環境的看法。

最初記憶中另一個有趣的地方是，它們的濃縮和簡要使我們能運用它們做大量的研究。我們可以要求一個班級的學生寫下他們的早期回憶。假如我們知道如何解讀它們，我們對每個兒童就有了極其珍貴的描述。

為了便於說明，下面我將舉幾個最初記憶的例子，並試著進行解釋。除了他們講述的記憶之外，我對這些人一無所知——甚至不知道他們是不是兒童或者成年人。我們在他們最早記憶中發現的意義，必須在其人格的其他表述中進行核查，但是我們現在只使用它們做為我們訓練之用，以加強我們的猜測能力。我們應知道什麼可能是正確的，也應能將一種記憶與其他記憶進行比較。我們尤其應能看出：一個人是否正訓練與別人合作或者反對合作，他是否勇氣十足或者灰心喪氣，他是否希望得到支持和照顧，或者是自力更生和獨立自主，他是否準備給予或者急於接受。

——案例一：「因為我的妹妹……」——

在一個人的最初記憶中出現的人，我們需要特別的注意。通過這個人的敍述，我們可以推論：他的妹妹在他的人生中一定扮演著重要角色。妹妹對其他兒童的成長帶來了一層陰影。我們通常會在兩個人之間發現一種對抗，正如他們在賽跑中競爭一樣。我們能明白這種對抗會給成長帶來其他困難。當一名兒童專心競爭時，他絕不會和以友誼的形式合作時一樣，將興趣擴大到別人身上。無論如何我們都不會馬上得出這樣的結論：也許這兩個孩子是好朋友。

「因為我和妹妹是家中最小的兩個孩子，所以我一直得照顧她，直到她可以上學了，我才被送進學校。」現在，敵對狀態變得很明顯了。我的妹妹妨礙了我！因為她小，我需要等著她、照顧她。她的存在阻礙了我的成長！如果這是這個記憶的真正意義，那麼我們可以推測，這個小孩對生活的解讀會是：「他人對我生活的妨礙和限制，是對我最大的威脅。」我們還可以推測這個受訪者可能是一個女孩子，因為一般男孩子似乎很少受到這種限制。

「結果，我們在同一天上學。」站在她的立場，我們不認為這是撫養女孩子的最佳方式。這可能會讓她認為：因為她年紀比較大，所以她就得遷就別人。在任何情況下，我們都能看出這個女孩就是這樣理解的。她覺得自己被忽視了，而這一切都是因為妹妹。她會把這種忽視歸罪於某一個人，而這個人很可能是她的母親。假如她因此而更加依賴父親，而且一直努力想使自己成為他最寵愛的孩子，這也不足為奇。

「我記得很清楚，入學第一天母親就告訴每個人，她是多麼孤獨。她說：『那天下午，我好幾次跑到門口，盼望著女兒放學。我一直擔心她們絕不會回來了。』」這是對母親的描述。這個描述顯示出她的行為並不是非常理智的。「擔心我們絕不會回來了」——母親顯然滿含深情，女兒們了解母親的情感，但同時她仍充滿了擔憂和緊張。假如我們跟女孩談話，她就會告訴我們母親偏愛妹妹的更多事情。這種偏愛不會讓我們驚訝，對最小的孩子而言就是一直受到寵愛。

我們可以從這段記憶得出結論：姊姊因為與妹妹之間的爭寵，而覺得自己受到妨害。我們可以從她以後的生活中，找出忌妒和害怕競爭的跡象。假如她不喜歡比她年輕的女性，也不是件什麼奇怪的事。有些人一輩子都覺得自己太老，而許多有妒忌心的女性在遇到比自己年輕的女性時，都會自卑。

案例二：「我最早的記憶是祖父的葬禮，那是在我三歲時。」

這是一個女孩的敍述。她對死亡這件事印象非常深刻。這意味著什麼呢？她已經把死亡看做是生活的最大不安和最大危險。她從童年時發生在身上的事情中得出一條教訓：「祖父會死。」我們可能會發現她是祖父的掌上明珠，祖父寵愛她。祖父母總是寵愛著兒孫們。與父母相比，他們對兒孫更缺乏責任，他們常常希望孩子們依附在自己身邊，以顯示出他們仍然能夠獲得溫情。對老人而言，我們的文化並不會讓他們輕易感受到自己的價值，有時他們會以簡單的方法——例如愛發牢騷，來尋找自己的價值。我們在此傾向於認為，女孩出生時祖父就寵愛她了，正是祖父的寵愛使女孩對其記憶深刻。當祖父去世時，她感到這是個巨大的打擊。

「我很清楚地記得祖父躺在棺材裡，如此蒼白和僵硬。」我認為，讓三歲的孩童看屍體並不是明智之舉。至少讓她事先有所準備更為妥善。孩子們常常告訴我，他們對有人去世的情景印象非常深刻，並永遠無法忘記。這個女孩也不會忘記。這種孩子努力減少或者克服死亡的危險。他們的雄心壯志常常就是成為醫生。他們認為，醫生比別人受到更好的訓練來跟死亡抗爭。如果我們詢問醫生的最初記憶，它常常包括一些對死亡的回憶：「躺在棺材裡，如此蒼白和僵硬」——一種對可見之物的記憶。這個女孩可能就是這種視覺型，對觀看世界感興趣。

「然後到了墓地，當放下棺材後，我記得人們從粗糙的棺材下面將那些繩子拉了出來。」她再次告訴我們所看到的；我們證實了她是視覺型的猜測。「一提到任何親戚、朋友或者熟人去了另一個世界，這種經歷似乎就使我顫抖害怕。」

我們再次注意到死亡留給她的深刻印象。如果我有機會和她談話，我會問：「以後你想從事什麼職業？」也許她會回答：「做醫生。」假如她沒有回答或者回避這個問題，我就暗示：「你不想當醫生或者護士嗎？」她提到「另一個世界」時，我們會看到這是對死亡恐懼的一種補償。我們從她的整個記憶中得知，祖父對她親切和善，她是視覺型的，死亡對她的心理發揮著重要的作用。她從生活中得到的意義是：「我們必定都會死去。」這當然是一件事實，但是並不是所有人都時時刻刻對這點念念不忘，還有許多其他事情值得我們去關注。

——案例三：「當我三歲的時候，我的父親……」——

一開始，她的父親便出現了。我們可以假設，這個女孩子喜歡父親勝過於母親。喜歡父親通常已經到達了發育的第二階段。在第一個階段，孩子會更喜歡母親，因為在一、兩歲的時候，孩子和母親的關係是非常密切的。孩子需要母親，他依附著她，他的整個心智活動都牽繫在母親身上。如果孩子轉向父親，母親就只能屈居下風。因為孩子對自己的處境並不滿意，通常這是因為弟弟妹妹的出生。假如我們在一段記憶中聽到了弟弟妹妹的信息，我們的猜測就對了。

「父親給我們買了一對矮種馬。」孩子不止一個，我們有興趣聽說關於其他孩子的事。「他用韁繩牽著馬進屋。姊姊比我大三歲……」我們必須修正我們的解釋。我們原以為這個女孩是姊姊，然而她其實是妹妹。也許姊姊才是母親的掌上明珠，正因為這個原因，女孩才提到她的父親以及一對矮種馬的禮物。

「姊姊拿著一條韁繩，牽著她的馬，得意洋洋地走在大街上。」這就是姊姊的勝利。

「我自己的馬緊跟著另一匹，跑得飛快。」當她的姊姊領先時，這就是結果！——「我臉朝地被牠拖著走。對曾經極度渴望的經歷而言，這是個不光彩的結局。」姊姊勝利了，她占了上風。我們非常確信，這個女孩的意思是：「假如我不小心，姊姊就總是會贏，我就會失敗，我會一直在地上。安全的唯一途徑就是做第一。」我們也能明白，姊姊已經贏得了母親，這就是妹妹為何轉向父親的原因。

「事實是我後來做為女騎士超過了姊姊，但這絲毫沒有挽回那個失敗。」我們的所有假設都得到了證實。我們可以看到，兩姊妹間存在一種怎樣的競爭。妹妹覺得：「我一直落後，所以我必須迎頭趕上，我必須超過別人。」這就是我所描述的在次子和幼子中普遍出現的類型，他們面前總有一個領跑者，並一直設法超過這個人。這個女孩的記憶強化了她的看法。它對她說：「如果任何人超過我，我就很危險。我必須總是第一。」

——案例四：「我最早的記憶是被姊姊帶去參加各種宴會和社交場合。當我出生的時候，她已經十八歲了。」——

這個女孩記得自己是社會的一部分；也許我們會在這段記憶中發現，她的合作程度比別人更高。對她而言，大她十八歲的姊姊扮演著母親的角色。姊姊是家中最寵愛她的人，但姊姊似乎以一種非常聰明的方式，將這個孩子的興趣擴展到別人身上。

「在我出生前，姊姊是家裡五個孩子中唯一的女孩，她自然樂意到處炫耀我。」這絕不像我們認為得那般好。「炫耀」意味著姊姊的興趣不是關心這個孩子，而是讓自己獲得社會的賞識。「因此，在我相對較小的時候，她帶著我。我記得關於宴會唯一的一件事是，姊姊不斷地催促我說話，『告訴那位女士你的名字』等諸如此類的。」這是一種錯誤的教育方法。如果這個女孩最後患上講話結巴或者說話困難，我們也不應感到奇怪。口吃的孩子通常是因為別人過分注意他說的話。因為過於在意自己的言行以獲得他人的欣賞，所以他們反而無法輕鬆自在地與別人交談。

「我還記得，什麼話都不說時，回到家總是會挨罵，因此我變得討厭出去和別人交往。」我們的解釋必須全部進行修正。我們現在可以看出，她最初記憶背後的意義是：「我被帶出去和別人交流，但是我發現很不愉快。因為那些經歷，所以我從那時起就討厭這樣的合作與互動。」因此，我們認為，即便如今她依然討厭與人交往。我們將會發現，她與別人在一起時會感到不自在，也會很害羞，她覺得自己應該表現得朝氣蓬勃，但這對她來說太難了。與別人在一起時，她無法抱持著一種輕鬆自在、平等相待的心態。

──案例五：「在我的童年時期，有一件事情是非常特別的。當我大約四歲時，我的曾祖母來看我們。」──

我們已經看到，祖母通常都很溺愛子孫；但是曾祖母怎樣對待他們，我們還不得而知。「當她來看望我們時，我們拍了一張四代同堂的照片。」這個女孩對家世非常感興趣。因為她對曾祖母來看望和拍照片的記憶如此深刻，所以我們可以得出結論：她對家庭非常依戀。假使我們是正確的話，我們就會發現，她的合作能力不會超出家庭這個圈子的限制。

「我清楚地記得開車去了另一個小鎮，到達照相館後，我換了件白色的繡花裙。」也許這個女孩也是視覺型的。「在拍四代同堂照片之前，弟弟和我就先合拍了一張。」我們再次看到她對這個家庭的興趣。弟弟是家中成員的一分子，我們可能會聽到她與弟弟更多的關聯。「他坐在我身旁椅子的扶手上，手拿一顆明亮的紅球。」她在此又記起可見之物。「我站在椅子旁邊，手上沒有拿任何東西。」我們現在看到這個女孩的主要努力目標了。她自言自語道，弟弟比她更招人喜歡。我們可以猜到，弟弟出生後就奪走了她最小和最受寵愛的地位，她對此感到很不高興。「他們要我們笑一笑。」她的意思是，「他們試圖讓我笑一笑，但是我有什麼可笑的呢？他們把弟弟推上了王座，並給了他一個明亮的紅球，而他們給我什麼呢？」

「接下來是拍四代同堂的照片。每個人都盡力擺出最好的樣子，只有我除外。我沒有笑。」因為家人對她不夠好，所以她對家人具有敵意。她沒有忘記在最初記憶中告訴我們，家人如何對待她。「當要弟弟笑時，他笑得很燦爛。他很可愛。到現在我都很討厭拍照。」這些回憶讓我們領悟了絕大多數人應對生活的方式。我們獲得了一種印象後，就用它來證實整個一系列行為的正當性。我們從中得出結論，並假裝結論就是顯著的事實。很清楚，拍這張照片時她覺得很不高興，所以直到今天，她仍然討厭拍照。我們通常會發現，任何討厭某些事物的人，選擇他討厭的理由時，都會從經歷中挑選出某種記憶以承擔解釋的責任。這個最早記憶為我們了解這個小女孩的性格提供了兩條主要線索。第一，她是屬於視覺型的人；第二，這一點比較重要，她與家庭之間的關係非常緊密。她的最初記憶全部都是發生在家庭中。她也許不太能夠適應社會生活。

——案例六：「我最早的回憶之一是我大概三歲半時發生的一件事。給我父母打工的女孩把我和堂姊帶到地窖裡，讓我們品嘗蘋果酒。我們非常喜歡它。」——

發現地窖裡有蘋果酒是種很有趣的經歷。這是種探險的旅程。如果我們必須在此就得出結論的話，我們可以猜出兩件事情。也許這個女孩喜歡面對新環境，而且有勇氣面對生活。也許，另一方面，她的意思是：擁有更強大意志的人們會引誘我們誤入歧途。這段記憶的其餘部分將幫我們做出判斷。「一會兒之後，我們又想要嘗嘗那個酒，於是我們就自己去地窖。」這是一個勇敢的女孩，她想獨立自主。「過了不久，我的腿開始不聽使喚，失去了走動的能力，而且還把蘋果酒搞得地上到處都是，把地窖弄得非常潮濕。」我們在此看到了一名禁酒主義者的形成。

「我不知道是否就是因為這次意外，我不再喜歡蘋果酒，也不喜歡其他任何會讓人喝醉的飲料。」一件小的意外再次造成了對待整個人生的一種心態。如果我們用一種切合實際的方式來看待這個問題，這樣的事故並不足以導致這樣一個影響深遠的結果。然而，這個女孩卻私下裡把它做為不喜歡酒類飲料的原因。我們可以看出，她是一個懂得如何從錯誤中學習的人，她可能富有獨立性，犯了錯也能勇於改過。這一特徵塑造了她的整個人生。她彷彿說道：「我犯了過錯，但是當我認為它是錯誤時，我就會改正它。」如果是這樣，那她的性格就是非常好的典型：主動、勇敢追求、一直熱衷於自我提升並改進自己的處境，過著一種美好而有意義的生活方式。

在所有這些情境中，我們只是在訓練自己的猜測藝術。在確信我們的結論正確之前，我們需要再看看這些人的其他性格特徵。現在，讓我們來看看一些案例研究，這些案例表明個性會通過多種方式表現出來。

行為的根源——早期記憶

一個患有焦慮性神經質的三十五歲男人跑來找我。他只要遠離自己的家，就會覺得焦慮。有好幾次他找到了工作，但是，只要一進辦公室，他就會唉聲嘆氣，哭上一整天，直到晚上回家和他母親坐在一起時才停止。當被問到最初記憶時，他說：「我記得四歲時坐在家裡，靠近窗邊，看著街道，很喜歡看在那兒工作的人們。」他想看別人工作；他自己只想坐在窗邊觀察他們。如果要改變他目前的心理狀況，我們只能讓他從自己的信念中解脫出來，相信自己能夠在工作中與他人合作。迄今為止，他一直以為生活的唯一方式就是獲得別人的幫助。我們必須改變他的整個世界觀。責備他是沒有用的。我們不能通過醫學或者切除分泌腺來說服他改變。然而，我們可以從他的最初記憶中看出他喜歡哪種工作。我們發現他患有重度近視，由於這種缺陷，他要非常注意才能看清東西。當他長大能夠開始工作了以後，他總是想要繼續觀看，而不是工作。但是，這兩者之間並不是互相對立的。當他被治癒後，他找到一份與這個興趣有關的工作，他開了一間畫廊，從而有能力用自己的方式為社會做貢獻，並承擔了一部分的社會責任。

一個患有歇斯底里失語症的三十二歲男人前來諮詢。除了咿呀耳語外，他說不出話來。這種情形持續了兩年。病症開始於某一天他踩到香蕉皮而滑倒，接著撞到了計程車玻璃上。他嘔吐了兩天，後來就患有偏頭痛。毋庸置疑，他有腦震盪。但是既然喉嚨附近的器官都沒有受傷，腦震盪就不足以解釋他為何不能講話。他啞口無言有八個星期之久。他因這起意外事故而告到法院，案子還沒有結束。他把事故完全歸咎於計程車司機，並且控訴汽車公司要求賠償。如果因為這次的意外，造成他身體有所殘疾，那他勝訴的機率會更大。我們沒必要懷疑他在說謊，但是他並沒有足夠的理由去提起訴訟。或許事故發生後他發現自己說話困難，但又找不到原因，而為了有利於自己勝訴，開口說話也就顯得沒有必要了。

這個患者曾找過喉科專家，但是專家未發現任何異常。當問到最初記憶時，他告訴我們：「我躺在搖籃裡，來回搖晃。我記得看見掛鉤滑脫，搖籃掉下來，我受了重傷。」沒有人喜歡掉下來，但這個男人過分強調了掉下來，而且非常注意摔落會產生的危險。這就是他的主要關注點。「當我摔下來時，門打開了，母親驚慌失措地跑進來。」這次事件引起了母親的注意，但這最初記憶卻變成一種譴責——「她沒有好好照顧我。」同樣地，計程車司機和擁有計程車的公司犯了類似的錯誤。他們都對他照顧不周。這就是一名受寵兒童的生命風格：他試圖使別人擔負責任。

他的第二個記憶講述了一個同樣的故事。「五歲的時候，我從六公尺高的地方摔下來，身上壓了一塊很重的木板。有五分多鐘的時間我說不出話來。」這個人很容易失語，他就像受過訓練，摔落就是他拒絕說話的原因。我們不能將其看做是一個正當理由，但他卻似乎是這樣認為的。他對這種方式駕輕就熟，現在只要一摔跤，他便自然而然地說不出話來。如果要治癒他，必須要讓他知道這樣做不對，在摔跤和喪失語言能力之間是沒有關聯的。同時，要讓他明白，沒有必要為了一次意外事故就囁嚅不語長達兩年之久。

然而，他在這段記憶中告訴我們，他為何難以理解這些事的原因。「我的母親跑了出來，」他繼續說道，「看起來非常激動。」在兩次事故中，他的摔倒都驚嚇到了母親，並吸引了母親對他的注意。他是個想被寵愛、想成為注意中心的小孩。我們可以明白，他如何要別人為其不幸付出代價。假如發生同樣的事故，其他受寵的孩子可能也會如此。然而，他們可能不會想到語言缺陷的策略。這就是我們病人的標誌，這是他以自己的經驗所建立的生命風格的一部分。

一個二十六歲的男人向我抱怨，他無法找到滿意的職業。八年前，他被父親安排到股票經紀人行業中，但他一點也不喜歡，最近他辭職了。他努力尋找其他工作，但都沒有成功。他還抱怨失眠，曾有頻繁自殺的念頭。當他放棄股票經紀人工作後，他離家出走，並在另一個城鎮找到了一份工作。但一封信捎來了母親患病的消息，他又回到家，和家人住在一起。

從他的這段歷史中，我們已經懷疑，他是否曾受到母親的寵愛，而父親卻總是在他身上濫用權威。我們可能會發現，他的生活就是對其父親嚴厲的一種反抗。當問到他在家中的位置時，他回答說自己是最小的孩子，也是唯一的男孩。他有兩個姊姊，大姊一直試圖對其發號施令，二姊也不相上下。他的父親不停地嘮叨，他深深感覺到他被整個家庭支配著。他的母親是他唯一的朋友。

他直到十四歲才上學。之後，父親把他送到一所農業學校，以便他能幫助父親管理計畫要購買的農場。這個男孩在學校表現很好，但卻決定不做農夫。於是父親將其安排在股票經紀人公司中。令人相當驚訝的是，他足足堅持了八年之久。而他給出的理由則是，他是為了母親才這麼做。

童年時，他是懶散而膽小的人，怕黑暗，怕孤單。當我們聽到懶散的孩子時，我們常常在想是誰在負責幫他收拾東西。當我們聽到某個孩子怕黑、不喜歡獨自一人時，我們通常都會去尋找他們想要得到誰的關注，而誰又會來安撫他。對這個青年而言，這個人就是他的母親。他不知道，交朋友並不困難，但是當他周旋於陌生人之間時，他也不會覺得彆扭。他沒有戀愛過，對戀愛不感興趣，而且也不想結婚。他看到父母的婚姻並不快樂，這就足以說明他自己為何拒絕結婚。

他的父親仍然迫使他繼續從事股票經紀人行業，而他自己則想進入廣告公司，但他認為家庭不會給他錢為這個職業做準備。我們在每一點上都可以看到，他行為的目的在於和父親作對。當他在股票經紀人公司時，雖然能夠自立，卻沒有想到用這筆錢來學習廣告。他只有現在才想到以此做為對父親的新要求。

他的最初記憶清楚地揭示了一個受寵的孩子對嚴父的反抗。他記得自己如何在父親的餐館工作。他喜歡洗滌餐具，並把它們從一張桌子換到另一張桌子上。他亂動餐具的習慣激怒了他的父親，父親當著客人的面打了他一耳光。他使用其早期經驗做為父親是敵人的證明，他的整個生活已成為了反對父親的一場抗爭。他依然沒有真正想去工作。如果他能傷害父親，他就完全滿意了。

他自殺的念頭很容易解釋。每種自殺都是一種自責。想到自殺，他說：「這都是我父親的錯。」他對工作的不滿也直接針對父親。父親提出的每一項計畫，兒子都予以抵制，但是他嬌生慣養，無法獨立工作。他並不真想去工作，他只想玩，但他仍然與母親保持一些合作。

然而，他對父親的抗爭又如何能解釋他的失眠呢？如果他難以入睡，他就不能為第二天的工作做好準備。他的父親在等著他去工作，他卻疲憊不堪，無法工作。當然，他可能會說：「我不想上班，我不想被逼迫。」但是他又很擔心他的母親，擔心家裡的經濟狀況。如果他只想拒絕工作，家人則會認為他無藥可救，並拒絕幫助他。他必須有個藉口，結果他透過這個似乎不邀而至的不幸——失眠，來獲得這一點。

最初，他說他從不做夢，但後來他記得常常出現的夢。他夢到有人往牆上扔球，而球總是彈開。這似乎是個微不足道的夢。我們在其生命風格和夢之間可以找到聯繫嗎？我們問他：「然後發生了什麼？球彈開來後，你有什麼感受？」他告訴我們：「當球彈開來時，我醒了。」現在他已揭示了失眠的整個結構。他使用夢做為喚醒他的鬧鐘。他想像每個人都希望把他推向前、驅趕他，迫使他做任何他不想做的事。他夢到有人往牆上扔球，這時他就醒了。結果是，第二天他疲憊乏力。他疲憊時就無法工作，而他的父親迫不及待地要他去工作。因此他以這種強硬的方式打敗了他的父親。如果我們只看到他與父親的爭鬥，我們就應該認為發明這種武器是非常聰明的。然而，他的生命風格，對他或者別人而言，都不令人滿意，因此我們必須幫助他加以改變。

當我解釋他的夢時，他停止了做夢，但他告訴我，他有時還會在夜裡醒來。他不再有勇氣繼續做夢，因為他知道有人會發現這夢的目的；但是第二天他仍舊疲憊不堪。我們該怎樣幫助他呢？唯一可行的方法就是讓他與父親和解。一旦他所有的努力都集中於惹怒並擊垮自己的父親，問題就不會得到解決。

開始時，正如我常常開始的那樣，我承認有理由贊同患者的態度。「你的父親看起來完全錯誤。」我說，「他試圖使用權威，自始至終指使你，這非常不明智。也許他患有疾病，需要治療。可是你能做什麼呢？你不能期望改變他。假設天要下雨，你該怎麼辦？你可以帶把傘或者坐車；試圖和雨水鬥爭或者打敗它都是無濟於事的。現在，你花費很多時間和雨水爭鬥。你認為這就是力量。你認為你能壓倒它，但是你的勝利毀滅自己的程度甚於別人。」我向他展示了他所有表現的一致性——對職業的猶豫不決、自殺的念頭、離家出走、失眠；我向他表明，他所做的這一切即是在通過懲罰自己來報復父親。

我還指出：「今天晚上要睡覺的時候，你想要不時地醒來，這樣你明天就會很累。想像一下，明天你因為太累而不能工作時，你父親怒火沖天的樣子。」我想讓他面對這樣一個事實：他的主要興趣就是激怒並傷害父親。只要他不停止這場戰爭，任何的治療都不會有效用。他是個被寵壞的孩子，我們都能夠看出這一點，現在，他自己也能看出來。

這種情形非常類似於所謂的「伊底帕斯情結」。這個年輕人一心一意地想要傷害他的父親，而又非常依賴於他的母親。當然，這種情況與性無關。他的母親一直縱容他，而他的父親卻不體恤他。父母撫養他的方式不對，而自己又不能對自身的定位進行正確的解讀。他的問題並沒有受到遺傳的影響。他會面對這樣的問題並非源自野蠻本性，而是從他的經驗中自己創造出來的。這樣的心態在每一個孩子身上都有可能出現，只要我們給孩子一個像本個案一樣寵愛縱容孩子的母親，再給一個嚴厲的父親，就可以了。如果這個孩子也會反抗他的父親，也不能獨立解決自己遭遇的問題，我們便可以了解，要養成這樣的生活習慣是一件多麼簡單的事。

第五章 夢

只有兩種解析夢的理論既容易為人所了解，也合乎科學的。這便是佛洛伊德的心理分析學派和個體心理學派。在這兩者中，也許只有個體心理學才敢聲稱，他們的解釋和常理完全一致。

關於夢

幾乎每個人都做夢，然而了解夢的人卻微乎其微。這種情形看起來很奇怪。夢是人類心理的一般活動。人們總是對夢感興趣，但對夢意味著什麼卻一直百思不解。許多人都認為，他們的夢有更深層的含義：他們覺得夢怪異而且重要。我們可以發現，這種興趣從人類最遠古的時代就已表現出來。然而，就總體而言，人們對做夢時他們做了什麼，或者他們為何做夢，依舊毫無概念。據我所知，只有兩種解析夢的理論既容易為人所了解，也合乎科學的。這便是佛洛伊德的心理分析學派和個體心理學派。在這兩者中，也許只有個體心理學才敢聲稱，他們的解釋和常理完全一致。

過去人們對於夢的解釋並不科學，但是這些理論仍然值得一提。至少它們揭示了人們如何看待夢，以及他們對夢的態度。因為夢是心智創造力的一部分，如果我們發現了人們對夢有什麼期待，我們就會看清做夢的目的。研究一開始，我們就看到一個明顯的事實。人們一直認為夢裡包含著很多未來的信息。有人常常以為，是一些掌控夢境的精靈、鬼神或祖先在控制著他們夢中的心智，並影響他們。在困難時，他們會借用夢來指點迷津。古代解夢的書籍對做某種夢的人，將來命運如何都做了解釋。遠古的人們在夢中尋找預兆或者預言。希臘人和埃及人跑到神廟祭祀，祈求做個好夢，以促進他們未來生活的美滿。這種夢被看做醫治良方，可移除身體或者心理的困擾。美國印第安人以淨身、齋戒、汗浴等儀式來煞費苦心地引發做夢，並將他們的行為建立在對夢進行解釋的基礎之上。在《舊約》中，夢一直用來解釋某些未來之事。即便如今仍有很多人堅持，他們所做的夢後來都成了事實。他們認為，他們在夢裡是千里眼，夢以某種方式到達未來，並預示即將發生的事情。

從科學的角度而言，這種觀點看起來荒誕不經。從一開始嘗試解決夢的問題時，我就很清楚，做夢的人與清醒又完全有能力的人相比，在預測未來方面處於下風。很明顯，我們會發現，夢不僅不比日常思維更理智和有預見性，而且更混亂，更令人困惑。然而，我們必須注意人類的這種傳統觀念，即夢以某種方式與未來發生聯繫。也許我們會發現，在某種程度上，這並不完全錯誤。如果我們以正確的認識來看待夢，這其中也許會提供一些我們一直在尋找的線索。我們已經說過：人們認為夢能夠對他們的問題提出解決之道。我們可以說，這種人在夢中的目的就是找尋未來的指引，找尋自身問題的解決辦法。這和認為夢能預見未來的觀點相去非常之遠。我們還得考慮，他尋求的是哪種問題的解決方法？他又希望從中獲得些什麼？有一點非常明顯，夢中所提供的解決方法，根本比不上我們經過對問題的全盤考量後所找到的解決辦法。其實講的直白些，個人肯定是希望在睡覺的時候，在夢中就把自己的問題解決了。

佛洛伊德學派與夢

在佛洛伊德學派的觀點中，夢境中所包含的意義能夠得到科學的解釋。然而在許多方面，佛洛伊德的解釋已經把夢帶出了科學的範圍之外。例如，他假設意識在白天的運作方式和夜晚的運作方式是不一樣的。意識和潛意識彼此互相對立，而夢則遵循著一種和白天的思維迴然不同的法則。當我們看到這些對立時，我們會斷定心智有一種不合乎科學的態度。

在原始民族和古代哲學家的思想中，我們總是會遇到將概念置於強烈對比之中，以及視其為對立的這種渴望。在神經質患者中，這種對立的態度得到非常清楚的說明。人們常常認為，左和右是相互對立的，男和女、熱和冷、輕和重、強大和弱小都是相互對立的。從科學的角度來看，它們並不是對立的，而是變化的。他們是根據某種理想假設排列而成的量表的不同等級。同樣地，好和壞、正常和異常都不是對立的，而是變化的。把睡眠和清醒、夢裡的想法和白天的想法視為對立物的任何理論，都是不科學的。原始佛洛伊德學派觀點中的另一個難題，是把夢的背景歸之於性。這樣的理論也將夢與人類的正常生活分離開來。如果這種看法正確，那麼夢便不再能夠反映一個人的全部性格，而只能反映其一部分的性格。

佛洛伊德學派本身也發現，夢的性解釋並不充分。佛洛伊德提出，我們也會在夢中看到求死的無意識欲望的表達。也許我們能發現這種觀點有一定的道理。正如我們說過，做夢是為了找到一個解決問題的簡單方法，而這也揭示了做夢者缺乏勇氣。然而，佛洛伊德學派的術語是高度隱喻的，它沒有讓我們發現整個人格在夢中如何反映。而且，夢裡的生活看似與白天的生活涇渭分明。在佛洛伊德學派的嘗試中，我們得到了許多有意義和有價值的線索。例如，非常有用的線索是：真正重要的並非夢本身，而是夢中所隱含的想法。在個體心理學中，我們也獲得了類似的結論。但佛洛依德學派的心理分析法遺漏的卻是心理學的先決條件——在個體的思想、言辭和行為中，認清人格的一貫性和個人在其各種表現中的一致性。

這種不足可以從佛洛德學派對解釋夢的關鍵問題的回答中觀察到。「夢的目的是什麼？我們究竟為什麼要做夢？」精神分析學家回答說：「為滿足個體未實現的願望。」但這種觀點無法解釋一切。假如夢「遺失了」，做夢者忘記了自己夢見了什麼，或無法了解它，那麼何來滿足可言？每一個人都會做夢，但卻很少有人能夠理解自己的夢。這樣，我們從夢裡又會得到些什麼快樂？假如夢中生活與白天的生活是相互分離的，而做夢所帶來的滿足只發生在夢中，我們也許能夠理解夢對做夢者來說的目的。但是這種解釋也沒有照顧到人格的一致性。夢對清醒的人來說，就沒有任何意義了。

從科學的角度而言，做夢者和清醒者是同一個人，夢的目的必須適用於這個人一貫的人格。這種類型的人是受寵的孩子，他們總是會問：「我怎樣才能獲得滿足？生活又會給我什麼？」這種個體正如他在所有其他表達中一樣，可以在夢裡找到滿足。事實上，如果我們仔細觀察，我們就會發現佛洛伊德學派的理論是受寵孩子的心理學，這些孩子覺得他們的本能絕不能被否認，他們認為別人的存在是不公正的，他們一直追問：「我為什麼要愛鄰居呢？鄰居愛我嗎？」心理分析學派用被寵壞的孩子的前提做為其基礎，並且鉅細靡遺地對這個前提進行了詳細闡述。但是對滿足的追求只是千萬種對優越感的追求之一，我們絕不能把它當做是促成人格形成的主要動機。而且，如果我們真正發現了做夢的目的，那將有助於我們找到人類為何有時會忘記自己做的夢和不了解自己的夢的原因。

個體心理學派與夢

這是我大約在二十五年前開始想找出夢的意義時，遇到的一個最棘手的問題。我明白，夢並不是和清醒時的生活互相對立的，而是和生活中的其他行為平行共進的。假如我們在白天專心致志地追求某種優越感目標，我們在晚上也會關心同樣的問題。每個人在夢中所追求的潛在目標與他們在白天所追求的目標一致，彷彿他們在夢中也要追尋同一種優越感。因此，夢必定是人類生命風格的產物，並與生命風格保持一致。

——加固生命風格——

有種思考可以說明我們迅速弄清夢的目的。我們做夢，通常會在早晨忘了所做的夢，沒有留下什麼。但這是真的嗎？真的什麼東西都沒留下嗎？某些東西留下來了——夢醒時分會留下某種感覺。沒有畫面留存，沒有留下對夢的任何理解，只留下許多感覺。夢的目的一定是其喚起的感覺。夢只是喚起感覺的方法和工具，夢的目標是其所遺留的感覺。

個人創造的感覺必須始終與其生命風格保持一致。夢裡的思維和白天思維的差異並不絕對，兩者之間沒有嚴格的區分。用簡單的話來說，做夢時，更多與現實相關的感覺被排除了，但卻沒有和現實中斷。當我們熟睡時，我們仍然和現實聯繫著。如果我們受到問題困擾，那麼我們的睡眠也會受到干擾。在睡眠期間，我們可以做出調整，阻止我們掉下床鋪。這個事實顯示了與現實的關聯依舊存在。一位母親可以在大街上人來人往中睡著，也會在孩子的風吹草動中醒來。甚至在睡覺時，我們都仍然與外部世界保持聯繫。然而，睡覺時意識感覺雖然存在，卻已減弱，我們與現實的聯繫也減少了。當我們做夢時，我們是獨自一人，社會的要求此刻也不再緊緊地跟著我們。做夢的時候，我們也不用緊張地面對周圍的環境。

只有我們從緊張感中解脫出來，並且找到問題的解決方法，我們的睡眠才不會受到干擾。但做夢是對安穩睡眠的干擾。我們可以得出這樣的結論：只有在還沒想出我們所面臨問題的解決方法，現實才會在睡眠中仍對我們步步進逼，不斷提醒我們必須解決自己所遇到的困難，我們才會做夢。夢的工作就是應付我們面臨的難題並提供解決之道。現在我們需要探究的是，睡覺時我們的心智是如何面對這些困難的。因為我們在夢中需要處理的並不是整個局面，問題看起來便顯得簡單得多，而且在夢中所找到的解決方法也不需要我們進行校正。做夢的目的將會支持和加固夢中的生命風格，並引起一些最適合這種生命風格的感覺。但是為什麼這種生命風格需要支持呢？有什麼東西會威脅到它呢？能迫害它的只有現實和常理。因此，做夢的目的就是在保護我們的生命風格不被現實和常理的要求所威脅。也就是說，如果一個人在現實生活中不想用公認的常理去解決某個問題，那麼他便會在夢中表現出來，引起某種讓他堅定自己想法的感受。

起初這看似與清醒的生活相矛盾；然而並不矛盾。當我們清醒時，我們會以幾乎同樣的方式喚起感覺。如果有人遇到了難題，不希望以自己的常理去處理，但又想延續自己原來的生命風格，那麼他會盡一切努力來維護自己的生命風格，並使其看似勝任。例如，他的目標是不勞而獲地賺錢，不努力，不工作，不對別人有所貢獻。賭博對他而言便是一種可能。他知道，許多人因為賭博傾家蕩產、遭受災禍，但他依然希望輕鬆度日、僥倖致富。他會怎麼做呢？他會滿腦子充斥著金錢利益。他勾勒自己通過投機倒把來掙錢，買車，過奢侈的生活，讓每個人都知道他很有錢。他通過這些景象喚起自己向前的感覺。最後，他會拋棄常理，開始賭博。

同樣的事情也會發生在更多常見的環境中。假如我們正在工作，有人告訴我們他曾看過而且很喜歡的一齣戲劇，我們就想停止工作，去劇院看戲。如果一個人正沉浸愛河，他就會為自己的未來描繪藍圖。如果他被真正吸引了，他就會把未來描繪得很愉快。有時，如果他感到悲觀，他就會有幅灰暗的未來圖景。但無論如何，他都會喚起自己的感覺，而我們也會從他所喚起的感覺的類型中，分辨出他是哪種人。

但是假如在做夢之後，除了感覺以外什麼都沒有留下，它對常理會有什麼影響呢？夢是常理的敵人。我們很可能發現那些不喜歡被自己情感欺騙的人、那些凡事都要追求科學依據的人都不常做夢，或根本不會做夢。其他人根本不想通過正常和有用的方法來解決他們的問題，或者使用常見的方式來解決。合作能力差的人都不喜歡事事按照常規來做，這種人會經常做夢。他們怕自己的生命風格被人抨擊，他們想要逃避現實的挑戰。

我們可以得出這樣的結論：夢是想要在個人的生命風格和他所面臨的問題之間建立起聯繫，又不對生命風格做出新要求的一種嘗試。生命風格是夢的主宰。它總會喚起個人需要的感覺。我們在夢裡可能發現的任何東西，也會在個人的其他症狀和特徵中發現。無論我們是否做夢，我們都以同樣的方式處理問題，但是夢卻對生命風格提供了一種支援和保護。

如果這種觀點正確，我們在對夢的解析上又有了新的發現，而且是一個非常重要的發現：我們會通過夢境愚弄自己。每一個夢都是一種自我陶醉和一種自我催眠，它的全部目的就是為了創造出一種讓我們準備應付某種問題的情緒。在夢中，我們的性格表現與日常生活中的表現是一致的。此外，我們還會看到夢正在準備著白天所需要使用的各種感覺。如果這種說法沒錯，那麼我們在夢中可以找到自我欺騙的成分。

實際上，我們發現了什麼呢？我們發現了夢是有選擇性的，它選擇一些特定的場景，比如事件、意外事故等。我們在之前也提過這種選擇。當一個人回顧過去時，會把其中的畫面和事件進行選擇性整合。我們說過，一個人的選擇是有傾向性的，他只從那些支援他優越感目標的事件中選擇記憶。同樣地，在夢的構建中，我們只挑選與生命風格一致的事件；當面對現實問題時，我們表達出的是按照自己的生命風格所採取的解決之道。選擇的意義只不過是跟我們所發現的問題有關的生命風格的意義。在夢中，生命風格要求特立獨行。去面對實際問題則需要常理，但生命風格卻拒絕讓步。

夢的構成

夢還借助其他什麼手段？自古以來人們便已注意到（如今佛洛伊德也特別強調），夢主要是由隱喻和象徵構成。正如一位心理學家所言：「在夢裡，我們都是詩人。」然而，為何夢不用簡單明瞭的語言，而要代之以詩和隱喻來表達呢？假使我們講話直白，沒有隱喻和象徵，那麼我們不可能避開常理。隱喻和象徵可以是荒謬無稽的，可以兼有不同的意思；它們可以同時講述兩件事，也許其中一件相當虛假。人們可以從中得到不合邏輯的結論。隱喻和象徵可以用來喚起感覺，而且我們在日常生活中又常會發現它。當我們想要糾正某人時會說：「別孩子氣了！」我們問他：「你為什麼哭啊？難道你是個女人嗎？」當我們使用隱喻時，不相關的東西、只會訴諸感覺的東西，都會不知不覺地出現。當一位魁梧大漢對一個弱小男人生氣時，他會說：「他是一條毛毛蟲，他就應該在地上爬。」他使用這個隱喻，輕而易舉地支持了他的憤怒。

隱喻是極好的語言工具，而我們總會用隱喻欺騙自己。當荷馬描述希臘軍隊如獅子般地馳騁戰場時，他給了我們一幅壯觀的寫照。難道我們認為，他其實想準確地描述這些瘦弱、骯髒的士兵如何在戰場匍匐前進嗎？不，他要我們把士兵想像成獅子一樣。我們知道他們並不是真正的獅子。但是，假如詩人描繪這些士兵如何氣喘吁吁、揮汗如雨，他們如何停下來重振士氣或者躲避危險，他們的盔甲如何破舊等等這些雞毛蒜皮的細節，我們就不會如此印象深刻。隱喻用於凸顯美，並讓人產生想像和幻想。然而，我們必須堅信，隱喻和象徵的運用對擁有錯誤生命風格的個人而言總是危險的。

一名學生要面對考試。問題很明確，他要用勇氣和常理應對考試。但是，如果他的生命風格想逃避，那麼他可能夢到自己在一場戰爭中戰鬥。他把這個單純的問題在夢中進行象徵性的構想，這樣一來他就變得更加害怕了。或者，他會夢到自己正站在懸崖邊緣，如果不向後退縮，便有摔得粉身碎骨的可能。這是逃避的一種形式，他將考試定義為懸崖，以此來欺騙自己。同樣地，我們還可以識別出另一種常用於夢中的策略，這種策略會將問題簡化，進行提煉，直到只剩下原來問題的一部分，然後再用象徵的方式表現出來，並把它當做原來的問題來處理。

例如，有一個學生比較勇敢而且有遠見，他想完成學業並通過考試。但他完成這個人生目標需要獲得支持與更多的信心——他的生命風格要求這些東西。因此，在考試前的一個晚上，他夢見自己站在一座山頂上，他所處的場景被刪去很多，只顯現了人生中的一小部分。考試對他而言是個大問題，但是，通過排除其中的很多部分，他將對成功的預期放在首位，這樣，他便激起了有助於他的感覺。第二天早晨，他起來時覺得精神振奮，心情愉快，比從前更有勇氣。他已成功減少了要面對的問題。儘管他使自己安心了，可是他仍然欺騙了自己。他不是以常理的方式專心面對整個問題，而是喚起了一種自信的感覺。

這種感覺的喚起很平常。一個想跳過小溪的人也許會在跳之前數三下。難道真的有那麼重要，以至於他要數三下嗎？跳躍和數三下之間有必然聯繫嗎？一點聯繫也沒有。然而，他數三下以喚起自己的感覺，匯集全身的力量。在人類的心靈中，已經有了某種生命風格，但是要使得它得到強化，所用的一種方法就是集中精神，為此付出努力，但是這些在夢中也許會表現的更加明顯。

讓我以自己的夢來說明欺騙自己的方法。戰爭期間，我是一家收容神經質症士兵醫院的負責人。當我看到未準備好作戰的士兵時，我就分派更容易的工作給他們，盡可能讓他們放鬆，遠離過度的緊張。這種練習相當成功。有一天，一個士兵來找我，他是我所看過的體格最健壯的士兵之一，但是卻顯得非常沮喪。當我給他做了檢查之後，一直在思考我該做些什麼。當然，我是希望把每一個患上這種病症的士兵都送回家，但是我開的診斷書全部要經過一位上級長官的同意，因此，我的慈悲也就無法任意施捨了。這個士兵的病情比較嚴重，但診斷結果出來之時我還是跟他說：「你雖患有神經質症，但你卻很強壯，也很健康。我會派給你更容易的工作，這樣你就不必上前線了。」

這個士兵可憐地回答說：「我是個窮學生，我得靠教書來養活我年邁的父母。如果我無法教書，他們就會餓死。如果我無法幫助他們，他們就會雙雙死去。」當時，我希望自己能夠送他回家，去找個工作養活父母，但是，我生怕我開的診斷書如果真的這樣寫，上級一定會發火，再把他送上前線。最終，我決定盡我所能實事求是。我會證明他只適合做警衛工作。當我深夜回家睡覺時，我做了一個噩夢。我夢到，我是個兇手，在黑暗又狹長的街道上奔跑，並努力想著我到底殺了誰。我已不記得是誰了，但我覺得：「因為我犯了謀殺罪，我的生活結束了。一切都完了。」因此，在夢裡，我愣在那兒，冷汗直流。

睡醒後，我第一個念頭就是：「我殺了誰？」然後我又想到：「如果我不讓這位年輕的戰士去辦公室服務，也許他就會被送到前線而陣亡，那麼我就是兇手了。」你看到我如何喚起感覺去欺騙自己。我不是兇手；即使不幸真的發生了，我也沒罪。但我的生命風格不允許我冒這個險。我是個醫生，我得拯救生命，而不是去危害生命。我再次認為，如果我給了他一份輕鬆的工作，我的上級就會送他去前線，處境不會好轉。我突然想到，如果我想幫他，唯一要做的就是遵循常理的規律，不去擾亂自己的生命風格。因此，我證明他適合警衛工作。

後來事情證實了最好要遵循常理這個事實。我的上級閱讀完我的推薦信，把它往桌上一扔。我心想：「現在，他要送這個士兵去前線了，原本我應該寫要派他去辦公室服務。」結果，我的上級寫道：「辦公室服務，六個月。」最後，我才知道原來那位上級接受了賄賂，輕易地放行了。這位年輕人在生活中從未教過書，他說過的話也沒有哪一句屬實。他編造的故事，只是要我派給他一份輕鬆的工作，以便受賄賂的上司批准我的診斷書。自從那天後，我再也不輕易受夢的左右了。

為什麼說夢的存在就是欺騙我們自己呢?因為大多數的夢我們都不明

白。如果我們了解了夢，它們便不能欺騙我們，也不能再激發我們的心境和感覺。我們將寧可按照常理來解決問題，也不願再接受夢的啟示。因此，如果我們能夠理解夢的含義，它們便會失去其魔力。

夢是當前現實問題和生命風格之間的橋梁。本來生命風格與現實是可以直接聯繫的，也不需要再加強。但是，夢有很多變體，每一個夢都會揭示個體感覺自己的生命風格在遇到特定情境時，需要加強的地方。因此，對於夢的解釋都是因人而異的，而隱喻和象徵也不可能套用公式進行解讀，因為夢是生命風格的產物，源自個人對於自己所特有的周遭環境的解讀。我可以大略描述幾種典型的夢，我無法詳細徹底地解釋夢，我只是想讓大家大概了解一下夢和它的意義而已。

常見的夢

許多人曾做過飛翔的夢。這些夢的關鍵之處，和其他夢一樣，在於它們所喚起的感覺。它們留下了一種輕鬆和勇氣十足的心境。它們由下至上引導人。它們把對困難的克服和對優越感目標的努力視為輕而易舉的事情。因此，它們允許我們推斷一個勇敢的人，高瞻遠矚，雄心勃勃，即便熟睡時，他也不善罷甘休。它們涵蓋了這個問題：「我是應該繼續前進，還是止步不前？」而它所給出的答案是：「我的前途必定是一片光明的。」

極少人沒有做過墜落的夢。這非常值得注意，它顯示了人們的心理更專注於自我保護和害怕失敗，而不是努力克服困難。當我們記起，我們的教育傳統是警告孩子、保護他們時，這更容易理解。孩子們總是被勸告：「不要爬到椅子上，不要碰剪刀，不要玩火！」他們總是被這些假想的危險環繞。當然，也存在真正的危險。但是把一個人弄得很膽小，則無益於他應對這些危險。當人們不斷地夢到自己癱瘓了，或者沒能趕上火車時，其意義通常是：「如果這個問題不需要我的任何干預就能解決，我會很高興。我必須繞道而行，我必須遲到，這樣我就不會面對這個問題了。我必須錯過火車。」

許多人夢到過考試。他們驚訝地發現，自己這麼大了還參加考試，或者很久以前就通過的科目，現在還要考試。對某些人而言，這夢的意義是：「你還沒有準備好面對即將而來的問題。」對另一些人，它可能意味著：「之前你通過了這項考試，現在你也會通過的。」每個人的夢中符號都不一樣。對於夢，我們必須首先考慮的是，它所殘留的心境以及與整個生命風格的一致性。

案例分析

——案例一——

一位三十二歲的神經質患者前來治療。她在家中排行第二，像很多次子一樣，躊躇滿志。她總是想成為第一，以無可非議的方式解決所有問題。她過來時，精神快崩潰了。她愛上了一個比自己大的已婚男人，她的情人在事業中一敗塗地。她曾想和他結婚，但他卻無法和原配離婚。她夢到，當她住在鄉下時，把一所公寓租給了一個男人，這個男人搬進來後不久就結婚了，但卻不掙錢。他不誠實，也不勤奮工作。因為他付不起房租，她就把他趕走。

乍一看，我們就能明白，這個夢與她現在的問題有著某種關聯。她正考慮是否要嫁給一個事業失敗的男人。她的情人貧窮，無力支持她。尤其加深這種對比的是，他帶她去吃晚餐，卻沒有足夠的錢付帳。夢的作用是喚起她反對結婚的感覺。她是個有志向的人，她不希望和一個窮小子聯繫在一起。她使用了一個隱喻來問自己：「如果他租了我的公寓，卻付不起錢，那麼對這種房客，我該怎麼辦？」答案是：「他得離開。」

然而，這個已婚男人不是她的房客，他並不能恰如其分地等同於她的房客。無法供養家庭的丈夫和付不起房租的房客不一樣。然而，為了解決她的問題，更保險地遵循她的生命風格，她給自己一種感覺——「我不能和他結婚」。通過這種方法，她避免以一種常理的方式處理整個問題，而只選擇其中的一小部分。同時，她將愛情和婚姻的整個問題縮小到似乎足以用隱喻來表達：「一個男人租了我的公寓。如果他付不起房租，他就必須捲鋪蓋走人。」

因為個體心理學的治療技術總是在個人面對生活問題時指向增加個人的勇氣，所以人們就很容易理解，夢在治療的過程中會得到改變，而且揭示了一種更自信的態度。一位憂鬱症患者在治癒前所做的最後一個夢是：「我獨自一人坐在長板凳上。突然暴風雪來臨。幸運的是，我躲開了，我急忙衝向屋裡找我的丈夫。然後我幫著他在報紙的廣告欄裡尋找合適的工作。」患者自己能夠解釋這個夢。夢清楚地顯示了她與丈夫和睦的感覺。最初，她恨丈夫，極度抱怨他的懦弱和缺乏過好生活的進取心。這個夢的意義就是：「與丈夫待在一起，比獨自面對危險更好。」雖然我們同意這個患者對她處境的看法，但是她使自己遷就丈夫和婚姻的方式，依舊跟一般怨偶採取的方式沒什麼不同。獨自一人的危險被過分強調了，她依然沒有準備好與勇氣和獨立合作。

─案例二─

一個十歲大的男孩被帶到我的診所。他的學校老師抱怨，他以卑鄙和惡毒的手段對待其他孩子。他在學校裡偷了東西，把它們放在其他男孩的桌子裡，使他們受到指責。這種行為只在一個孩子覺得有讓別人比自己低一等的需要時才會發生。他想羞辱他們，來證明他們卑鄙、惡毒，而不是他自己。假如這就是他的方法的話，我們就可以猜到，這種行為肯定是在家庭生活圈中訓練出來的，家裡一定有某個人是他想羞辱的。十歲時，他曾向街上的一個孕婦扔石頭，並因此惹了麻煩。他在十歲時就有可能知道懷孕是怎麼回事。我們可能懷疑，他討厭懷孕，我們難免會想，是否有個弟弟或者妹妹的到來使他不悅。在老師的報告中他被稱為「害群之馬」。他會騷擾其他同學，給他們取外號，還講他們的壞話。他還會追打小女生，這些都表明，家裡也許有個妹妹在跟他競爭。

我們了解到，他是兩個孩子中的哥哥，妹妹四歲。他的母親說，他很喜歡妹妹，一直對她很好。我們很難輕信這種話，這種男孩不可能喜歡他的妹妹。我們後面會看到，我們的懷疑得到了證實。母親也聲稱，她和丈夫的關係很理想。這對於孩子而言是種遺憾。很明顯，他的父母對他的任何錯誤都不負責任。他會犯這樣的錯，完全是出自他自己的邪惡本性，出自他的命運，也許還源自他遠古的祖先。

我們常常會在我們的案例分析中看到這樣的個案：父母婚姻完美，待人和善，但孩子卻招人厭煩！老師、心理學家、律師和法官都是這種不幸的見證人。事實上，美滿的婚姻也許會給這樣的小孩造成巨大的問題：如果他看到母親全心全意向父親獻殷勤，他可能會覺得十分惱火。他要獨占母親的注意力，他不喜歡母親對任何其他人展現關愛。所以，如果幸福的婚姻對孩子不好，那麼不幸福的婚姻對孩子更糟，那我們該怎麼辦呢？我們必須讓孩子在一開始就學會合作。我們必須避免他只依賴父母的一方，否則這樣的孩子特別容易被寵壞；他想要吸引母親的注意力，當他覺得自己得到的關注不夠時，他就必然會製造麻煩來吸引注意力。

我們在此直接得到確認。母親從來不自己懲罰這個孩子，她都等父親回家懲罰他。她可能覺得手軟，覺得只有男人才能發號施令，只有男人才有力量處罰。也許她希望使男孩依附於她，並害怕失去他。無論如何，她都訓練這個男孩對父親失去興趣，不願與他合作，並且經常和他發生摩擦。我們聽說，這位父親對妻子和家庭付出很多，但由於這個男孩的緣故，他下班後不願意回家。他懲罰孩子非常嚴厲，常常打這個男孩。我們被告知，這個男孩並沒有不喜歡他的父親，但這是不可能的，男孩不是低能兒。他已學會了巧妙地隱藏自己的感覺。

他喜歡妹妹，但卻不和她一塊好好玩，他常常打她耳光或者踢她。他睡在餐廳的沙發上，而妹妹睡在父母房間的小床上。現在，假使我們感同身受，假使我們同情他，父母房間的這張床就會令我們不快。我們正努力去想像、感受和看穿這個男孩的心理。他想獨占母親的注意。妹妹在夜裡和母親貼得很緊。他必須設法讓母親靠近自己。這個男孩的健康狀況很好，出生時很正常，一直喝母奶直到七個月大。第一次使用奶瓶時，他就嘔吐了。他的嘔吐斷斷續續發作，直到三歲。他的腸胃多半不太好。他現在吃得好，營養也很好，但他仍念念不忘自己的腸胃問題。他把它視為一個弱點。我們現在可以更好地理解，他為何向一名孕婦扔石頭。他對飲食過於挑剔。如果他不喜歡飯菜，他的母親就會給他錢，他就出去買自己喜歡的東西。然而他還是會去鄰居那兒走動，抱怨他的父母沒有給他足夠吃的東西。這是他獲得父母偏愛的小伎倆。同樣的道理，他會透過對他人的毀謗來獲取自己的優越感。

我們現在可以理解當他來到診所時所說的夢了。「我是西部的小牛仔，」他說，「他們送我去墨西哥，我拚命尋找出路，回到美國。當一個墨西哥人想來阻止我時，我朝他的肚子踢了一腳。」這個夢的感覺是：「我被敵人困住，我必須努力戰鬥。」牛仔在美國被視為英雄；他認為，追逐小女孩和踢別人肚子具有英雄風範。我們已經看到，肚子在他的生活中扮演了重要的角色——他把它當做容易受傷的要害部位。他自己曾飽受腸胃不適之苦，他的父親也患有神經性胃病，並一直抱怨。腸胃在這個家裡被升到了最高的位置。男孩的目標就是去襲擊人們最脆弱的地方。

他的夢和行為都準確無誤地顯示了同一種生命風格。他活在夢裡。如果我們無法從夢裡叫醒他，那麼他會以同樣的方式生活。他不僅會與父親、妹妹、小男孩，尤其還會和女孩發生爭鬥，還會向想阻止他做這種爭鬥的醫生宣戰。他夢中的那種衝動會刺激他繼續設法成為英雄，戰勝別人。除非他能明白，他正如何欺騙自己，否則將沒有什麼治療能幫助他。

我們在診所裡向他解釋了他的夢。他覺得他生活在充滿敵意的環境中，想懲罰並阻止他的每個人都是墨西哥人，都是他的敵人。下一次他再來診所時，我們問他：「自從我們上次見面後，發生了什麼？」

「我做了壞男孩。」他回答。

「你做了些什麼？」

「我追著小女孩跑。」

現在這不僅僅是招認了，它還是種吹噓和攻擊。他知道，這裡是醫院，這些人想改變他，所以他堅持他仍然是壞孩子。他說：「不要抱任何希望我會改變，我會踢你的肚子。」我們拿他如何是好呢？他依然做夢，依舊與英雄為舞。我們必須減少他從這個角色中獲得的滿足。

「你認為，」我們問他：「你的這個英雄會真的追著小女孩跑嗎？這種英雄作風豈不是太蹩腳了？如果你想成為英雄，你就應該去追高大健碩的女孩。或者也許你根本就不應該追著女生跑。」這是治療的一方面。我們必須讓他明白，使他不再渴望延續這種自討苦吃的生命風格。另一方面就是要鼓勵他合作，去發現有利於社會的重要性。有社會責任感的人不會做出一些反社會行為，除非他認為這樣做有特別的必要。

——案例三——

一位二十四歲的女子，獨居，從事著祕書工作，她總是抱怨老闆那種欺善怕惡的作風，她簡直無法忍受了。她還覺得自己無法與人交往或保持友情。經驗告訴我們，如果某人無法與人交往，很可能是因為她想要掌控別人。事實上，他們真正關心的只有自己，他們的目的是展示自己的個人優越感。也許這位女子的老闆就是這種人。他們兩個都想控制對方。當兩個這樣的人碰在一起，必然會產生矛盾。

這個女孩是家裡七個孩子中年紀最小的，也是家裡的掌上明珠。她被暱稱為「湯姆」，因為她總是想做男孩。這增加了我們的懷疑：她是否以駕馭別人做為她的優越感目標？她認為，成為男性就是去主宰、控制別人，而不是控制自己。她嬌小玲瓏，但她認為人們喜歡她，是因為她漂亮的臉蛋，她害怕形象受損或者受到傷害。現今這個時代，漂亮的女孩發現，只要能讓別人印象深刻，控制別人就會更容易。這個事實，她相當清楚。然而，她想做男孩，想以男性的方式支配別人，所以她沒有因自己的美麗而揚揚得意。她的最早記憶是受到一個男人的驚嚇。她承認，她仍然害怕竊賊和瘋子的襲擊。一個想做男性的女孩卻害怕竊賊和瘋子，這看起來很奇怪；但這實際上並不奇怪。正是她的這種恐懼讓她形成了這樣的目標。她想生活在她能控制和征服的環境中，她想排除其他所有環境。竊賊和瘋子無法受到控制，她想讓他們徹底消失。她希望輕而易舉就成為男性，如果失敗，那麼她也想為自己尋找藉口。因為對女性角色的廣泛不滿，正如我所稱的「男性傾慕」，所以總是存在緊張的氣氛——她甚至會說：「我是個與女性的種種不利做鬥爭的男人。」

讓我們看看在她的夢中，是否也能尋覓同樣的感覺。她不斷地夢到被單獨留在家裡。她是個被溺愛的孩子，她的夢意味著：「我必須有人照顧。把我一個人留在家裡很不安全。別人會襲擊我，欺負我。」她不斷做的另一個夢就是她丟了錢包。「小心一點，」她說，「你正身處失去某樣東西的危險中。」她根本不想失去任何東西，她尤其不想失去控制別人的能力，但她卻只選擇了生活中的一件事情，丟失錢包，來代表整體。我們對夢如何通過建立感覺來強化生命風格還有另一種解釋。她沒有丟失錢包，但她卻夢到弄丟了錢包，這種感覺就保留了下來。

她還有一個更長的夢能幫助我們看清她的態度。「我去一個游泳池游泳，那兒有很多人。」她說，「有人注意到我站在他們的頭頂上，我覺得有人向我尖叫，我身處在掉下來的巨大危險之中。」如果我是個雕刻家，我就會以這種方式雕刻她，站在別人的頭頂上，把別人做為她的墊腳石。這就是她的生命風格，也是她想喚起的感覺。然而，她認為自己的位置並不穩固，而且在她看來，別人也應該發現她的危險處境，別人應該小心地照看她，這樣她才能繼續站在別人的頭頂上。

在水裡游泳並不安全。這就是她生命的整個故事。她已經固定了自己的目標：「儘管是個女孩，但仍舊要做男人。」做為最小的孩子，她很有抱負，但她還是想看起來優越，而不是要達到適當的位置。由於害怕失敗，她一直追趕著。如果我們要幫助她，我們就必須找到使她接受女性角色的方法，消除她的恐懼和對異性的高估，使她在同伴中感覺到友好和平等。

—案例四—

一個女孩十三歲時，在一次意外事故中失去了弟弟。她道出了她的最早回憶：「當時我的弟弟還是個嬰兒，開始學習走路，他抓住一把椅子，想站起來，椅子卻倒在他身上。」這是另一次意外事故，我們可以看到她深深感覺到世界上的種種危險。「我最常做的夢，」她說道，「非常奇怪。我常常沿著街道走，街上有一處我看不見的洞。走著走著，我掉進了洞裡。洞裡都是水，一碰到水，我便打個冷顫，醒過來，心跳得非常快。」我們發現，這個夢並不如她自己發現的那般奇怪；但是如果她繼續用它來使自己擔驚受怕，她就會認為它很神祕，無法理解。這個夢告訴她：「小心！有許多你所不了解的危險。」然而，它告訴我們的還不止於此。假如你的地位卑微，你就不可能再摔下來。如果她有摔下來的危險，那她一定覺得自己高人一等。因此，在最後一個例子中，她說：「我高人一等，但是我總是小心翼翼，以免掉下來。」

我們在另一個例子中會看到，我們是否可以發現同樣的生命風格在最初記憶和夢中發揮作用。一個女孩告訴我們：「我記得自己非常喜歡看正在建造的房子。」我們猜測，她具有合作能力。一個小女孩不會被期望去參與建造房子，但是她能通過她的興趣顯示出她喜歡分擔別人的工作。「我是個小孩，我站在很高的窗戶邊，我對窗戶的玻璃印象深刻，好像此事就發生在昨天。」假使她注意到窗戶很高，她在心中必然已經有高和矮的對比關係。她的意思是：「窗戶很大，我很小。」聽到她很小，我不會感到奇怪。正是由於如此，才讓她對大小的比較如此感興趣。她提到自己記得如此清楚，是一種吹噓的說法。

現在，讓我們講述她的夢。「其他幾個人和我一起坐在小汽車裡。」正如我們所想的，她很合作，她喜歡和別人在一起。「我們開著車，開到一棵樹前才停下來。大家都下了車，向樹林裡跑去。絕大多數人都比我高大。」她再次注意到大小的差異。「我跟他們一起跑進了一個升降機裡，升降機進入了一個三公尺深的礦井裡。我想，我們應該到礦坑外面去，因為那裡面的空氣可能有毒。」現在，她描繪了一種危險。絕大多數人都害怕某種危險，人類並不是非常勇敢。「我們安全地走了出來。」你可以在這裡看到做夢者的樂觀態度。如果一個人很願意合作，他就總是勇氣十足、樂觀向上。「我們在那待了一會兒，然後再次出發，迅速跑向汽車。」我認為，這個女孩總是樂於合作，也表達了希望自己再長得高大一點的願望。我們從這個夢中可能發現她有某種緊張情緒，例如要踮起腳尖走路等等，但是她對別人的喜愛和樂於分享成果的性格，足以抵消這個不足。

第六章

家庭的影響

如果家中沒有權威，那麼真正的合作必定會出現。父親和母親要齊心協力，就孩子教育有關的問題達成一致。至關重要的是，父親或者母親都不應該在孩子中間表現出某種偏愛。

母親的影響

嬰兒從出生那一刻起，就開始尋求與母親聯繫。這就是他行為的目的。在最初幾個月內，母親在他的生活中都起到了至關重要的作用：他幾乎完全依賴母親。合作的能力正是在這種情形下最初形成。母親讓她的孩子第一次與另一個人聯繫，第一次對別人而不是對他自己感興趣。母親是孩子與社會生活聯結的首座橋梁；一個根本不會與母親（或者取代母親的其他人）聯繫的嬰兒必將死亡。

這種聯繫如此親密，而且影響深遠，以至往後的數年裡，我們就無法辨別哪些性格是來自遺傳的影響。每種可能來自遺傳的傾向都再次得到母親的改造、訓練、教育以及修正。她的技能或者技能的缺乏，都影響了孩子的所有潛能。我們所指的母親的技能，只不過是她與自己孩子合作的能力，以及贏得孩子與自己合作的能力。這種能力是無法像教孩子守規矩一樣教給孩子。每天都會產生新的情境，有成千上萬個地方需要她發揮自己的洞察力和理解力來滿足孩子的需求。如果她關心自己的孩子，而且一心一意要贏得孩子的情感，保護孩子的利益，她就必須獲取這樣的技巧。

我們可以從她所有的活動中看到她的態度。每當她抱著孩子，四處走動，喃喃自語，給他洗澡，或者餵他，她都有機會使孩子和自己發生聯繫。如果她對母職的任務不在行，或者對孩子不感興趣，她就會笨手笨腳，孩子也會抗拒。如果她沒有學會如何給孩子洗澡，孩子就會發現洗澡是種不愉快的經驗。他會試圖擺脫她，而不是與她發生聯繫。無論是哄孩子睡覺，還是自己所做出的動作和發出的聲音，她都必須掌握技巧。在照顧孩子和讓孩子獨自玩耍方面，她都必須方法得當。她必須考慮孩子的整個周遭環境——新鮮空氣、房間溫度、飲食營養、睡眠時間、身體習慣以及整潔衛生等等。在每個小地方，她都為孩子提供了一個喜歡她或討厭她、願意合作或拒絕合作的機會。

當母親並沒有什麼特殊的訣竅，所有的技巧都不過是源自關愛和教育。母愛的準備始於生命的早期。從一個女孩對比她年幼孩子的態度，以及她對嬰兒和未來工作的興趣中，便可看到母愛的第一步。我們從不會建議家長用完全相同的方式教育男孩和女孩，讓他們以為將來他們要從事完全相同的工作，這種教育方法並不可取。假使我們要培養出技巧純熟的母親，女孩子就必須接受母職的教育，讓她們喜歡當母親，把母親的角色視為是一種創造性的工作，而不是在她們將來面對自己的生活時，為自己的角色感到失望。

很不幸地，在西方文化中並沒有特別重視母職。假如人們重男輕女，男性占有較優越的地位，那麼女孩自然不會喜歡她們未來的使命。沒有人會喜歡自己地位低人一等。當這樣的女孩子結了婚，即將擁有自己的子女的時候，她們就會表現出這樣或那樣的抗拒。她們不願意也不準備要孩子，她們也不會期望孩子的到來，甚至不覺得養育孩子是一件創造性而且有趣的活動。

這可能是我們當今社會上存在的最大問題，可是卻很少有人正視它。女性對於母親這一角色的態度影響著整個人類社會。然而，幾乎在每一個地方，女性在生活中的地位都被低估，而且被認為是次要的。我們發現，即便是小男孩也常常不願意做家事，他們覺得自己的性別角色決定了自己不應該做這種卑微的差事。打掃房屋以及整理家務都常被視為是女性的工作，更被視為是貶抑女性的一種苦役。

不同女性對於家務的態度也有所不同。有的女性將家務看做是一種頗具創造性的工作，不僅可以自娛自樂，還可以給家人帶來快樂，使家務勞動成為不遜於任何職業的工作；有些女性則認為家務是身分卑微的象徵，所以她們對做家事很反感，要求可以激發自己潛能的機會，以證明男女平等。事實上，潛能必須經由社會責任才能得到充分發揮，而社會責任感也會為女性指引正確的方向，向人們表明不應該從外部對女性的發展進行限制。

只要女性的地位受到歧視，那婚姻生活的和諧也會被摧毀。沒有女人會將關愛小孩看做是一種低下的工作，還能正確地發展自身照顧孩子的技巧、愛心、理解和同情，而這些都是孩子生命初期非常需要的。對自己的女性角色不滿意的女人，她人生的一大目標就是阻止自己與孩子產生親密的聯繫。這類女性的目標與別的女性不同，她通常只醉心於提高自己的優越感，為了要達成這個目標，孩子們便成了礙手礙腳的累贅。如果我們追溯人生失敗的源頭，我們幾乎都會發現，它們是由於母親沒有適當地盡到責任：她沒有給孩子好的開始。如果做母親的失敗了，如果她們對自己的任務不滿意，對自己的孩子也毫無興趣，那麼人類全體都將陷入危險的境地。

但是，我們不能因為母親的失敗就認為她有罪。她們並沒有犯罪，也許母親本身沒有受過為人母的訓練，不懂得如何撫養孩子；或者她的婚姻生活不幸福，過得十分壓抑；也許她對自己的周遭環境充滿了疑惑和顧慮，甚至陷入一種無助與絕望之中。良好家庭生活的發展會遭遇非常多的阻礙。如果母親生病了，那麼她可能希望和孩子合作，但是卻心有餘而力不足。假如她到外面上班，當她回家時，可能已經筋疲力盡。假如經濟狀況欠佳，她供給孩子們的食物、衣著、居處，都可能得不到保障。此外，決定孩子行為的並非孩子的經歷，而是他們從自身經歷中得出的結論。我們從問題兒童的身上發現了他們與自己的母親之間，存在很多的矛盾和問題；但是我們在研究正常兒童時，也發現會產生這樣的問題。此處，又回到了個體心理學的基本觀點上：性格的發展並沒有固定的原因，但是孩子卻會利用自身經歷來獲取自己的人生目標，將它們轉變為自己的人生觀。例如，我們不能說，如果孩子沒有得到好的教養，一定會變成罪犯。我們只能從他們的經歷中獲知他們對於世界的認識與看法。

我們很容易理解：假如一位婦女對她的女性角色感到不滿，她就會招來許多困難和壓力。但是我們也知道母性本能的強大。許多研究都清楚地表明，母親保護孩子的傾向比任何其他傾向都強烈。例如，在動物之中，在老鼠和猿猴之中，母愛的驅力顯示得比性或者饑餓的驅力更強大；因此，如果必須在這中間選擇一種或另一種，那麼母愛的驅力會占優勢。這種驅力的基礎並不是性，而是源自於合作的目標。母親常常認為孩子就是身上的一塊肉。她通過孩子與整個生命發生聯繫，她認為自己就是生與死的主宰。從每位母親身上，我們多多少少都發現了這種感覺，她通過孩子完成了一件創造性作品。我們幾乎可以說，她認為自己像上帝一樣在創造——從無到有，她創造了一個鮮活的生命。事實上，對母愛的追求只是人類追求優越感（成為像上帝那樣的人類目標）的一方面。這很好地證明了，神聖的人生目標可以被應用於啟發個體對他人的興趣，以及個體的深層次社會責任感。

當然，任何一位母親都可以誇大孩子是自己一部分的這種感受，並強迫孩子為完成自己的優越感目標做出貢獻。她會設法讓孩子完全依賴著她，控制他的生活，使他總是依賴於自己。讓我舉一個七十歲農婦的例子來做說明。她的兒子，四十五歲，仍然和她住在一起，兩個人都同時感染了肺炎。母親倖免於難，兒子則被送去醫院後不幸去世。當母親得知兒子的死訊時，她回應說：「我早就知道我無法將他撫養成人。」她認為撫養孩子是自己一輩子的責任，她從來沒打算要讓兒子成為社會的一員。如果一個母親不能放手自己的孩子，不能教會孩子與他人合作，那將是她的可悲，也是她孩子的悲哀。

身為母親，也應該重視與他人之間關係的發展，而不應該將所有的精力都放在與孩子的關係上。對於孩子，也是如此。過分強調一個問題，其他的問題就會受到忽視。母親不僅與孩子有聯繫，還與自己的丈夫以及圍繞著她的整個社會有聯繫。她必須對這三種聯繫給予相等的注意，她必須憑藉常理，冷靜地面對這三者。如果一個母親只考慮到自己和孩子之間的關係，她就不可避免地會牽就孩子、寵壞孩子。她的行為會使得孩子很難發展出獨立性以及和別人合作的能力。在她成功與孩子建立親密關係之後，她的下一個任務就是將關愛延伸到孩子的父親身上。然而，假如她自己根本不關心孩子的父親，那這個任務就不可能完成。

她也應當將孩子的興趣轉移到他周圍的社會生活中，轉移到家中其他孩子、朋友、親戚以及普通同伴身上。因此，她的任務是雙重的：她必須給予孩子相信別人的最初經驗，因此她必須準備好擴展這種信任和友情，直至將整個人類社會囊括進來。

如果母親只關心孩子投放在她身上的興趣，孩子長大後可能會討厭去關心他人。他會一直從母親那裡尋求支持，並對那些他認為會分散母親注意力的人存有敵意。母親只要表現出一點對自己丈夫或家庭中其他孩子的關切，他都會認為自己的權益被他人剝奪。這個孩子會發展出一種觀點：「母親只屬於我，不屬於任何其他人。」

大多數的現代心理學家都誤解了這種情況。例如，佛洛伊德學派中的伊底帕斯情結，這種觀點認為男孩子都有一種愛上自己母親的傾向，而且還想要娶自己的母親，並且討厭父親，想要殺死他。如果我們了解了孩子的發展趨勢，這種錯誤就絕不會發生。伊底帕斯情結只會出現在希望獲取母親所有注意、並想要擺脫其他人的孩子身上。這是一種征服母親、完全控制她並使她成為奴僕的渴望。這種情形只會發生在受到母親溺愛的孩子身上，他們的同伴感絕不包含世界上的其他人。在極少數的情況中會出現：始終只想與母親聯繫的男孩，會將母親視為他嘗試處理愛情和婚姻問題的中心。但是這樣的一種態度，意味著他不能想像自己與其他人的合作，除了自己的母親。他不相信有其他的女人能夠像母親一樣對自己畢恭畢敬。因此，伊底帕斯情結通常都是一種人為的錯誤教養的產物。我們沒有理由認為存在由遺傳而來的亂倫本能，也不必想像這種變態的本能和性有什麼關聯。

一個被母親束縛在身邊的孩子，一旦置身於不再與母親聯繫的環境時，麻煩就開始產生了。例如，他上學時，或者在公園裡與其他孩子一起玩耍時，他的目標始終和母親聯繫在一起。每當他和母親分開時，他就滿腔憤怒。他總希望纏著母親，占據她的思想，讓她關注自己。他會採取各種方法，讓母親的視線不要離開自己。比如，他會裝出一副可憐兮兮的樣子，博得母親的同情；或者大哭大鬧，讓母親心疼自己；或者與母親爭吵，讓母親關注自己。在問題兒童之中，我們發現了各式各樣被寵壞的兒童，他們努力地想要獲取母親的注意，並拒絕外在世界所提出的一切要求。

孩子很快就會找到他獲取母親注意最有效的方法。受寵的孩子常常害怕被單獨留下，尤其害怕獨自待在黑暗中。他們並不是害怕黑暗本身，而是用恐懼嘗試著讓母親更靠近自己。有一個像這樣被寵壞的孩子，他總是在黑暗中哭泣。一天晚上，當他的母親聽到他的哭聲走過來時，她問他：「你為什麼害怕呢？」

「因為很黑。」他回答說。但是他的母親現在已看到了他行為的目的。

「難道我在之後，」她說，「就不黑了嗎？」黑暗本身並不重要，他對黑暗的恐懼只意味著他不喜歡與母親分離。如果這種孩子與他的母親分開了，他所有的情感、力量和心理能量都會用來設計一種可以讓他的母親必須接近他、與他再次聯繫起來的情境中。他會用尖叫、呼喊、無法入睡，或者以其他某種方式惹是生非，來努力使母親靠近自己。

總是吸引教育學家和心理學家注意的一種方法是恐懼。在個體心理學中，我們不再關心著要找出恐懼的原因，而是識別它的目的。所有受寵的孩子都經受過恐懼：正是借助他們的恐懼，他們可以吸引注意，將這種情感創建到生命風格中。他們使用它來獲取與母親聯繫的目標。膽小的孩子也是被寵壞的孩子，而且想再度受寵。

有時這些受寵的孩子會做噩夢，並在熟睡時大喊大叫。這是一種眾人皆知的症狀：但是只要睡眠被認為和清醒相互對立，它就不可能被了解。然而，這是錯誤的；睡眠和清醒並不互相對立，而是一種變化。男孩在夢中表現的行為方式大致和白天相同。他想改變環境，使其對自己有利的目標，影響了他的整個身心。經過一些訓練和體驗後，他找到了達到目標的最有成效的方法。即使在夢的思維中，和他的目標一致的圖像和記憶也進入了他的心智。一個受寵的男孩，在幾次經驗後發現，假如他想再和母親在一起，能夠讓自己害怕的想法，是很有用的。即使他們長大了，受寵的孩子也經常會做焦慮的夢。在夢中，受驚害怕是獲得注意屢試不爽的策略，如今它已成為一種機械化的習慣。

這種利用焦慮的做法如此明顯，以至我們聽到一個受寵的孩子不會在夜裡惹麻煩，都會非常驚訝。吸引注意的花招名目繁多。一些孩子會抱怨被褥不舒適，或者叫嚷著要喝水；另一些人則害怕竊賊或者野獸；有些人無法入睡，直到父母坐在床邊；一些人做夢，一些人從床上掉下來，一些人尿床。我治療過的一個受寵的孩子在夜裡幾乎從不惹麻煩。她的媽媽說，她睡得很香，不做夢，不會半夜醒來，一點都不惹麻煩，只有在白天她才會惹麻煩。這令人非常驚訝。我提出了許多種為了吸引母親的注意力而患上的病徵，可是這個女孩子卻一樣也沒有患上。最後，我終於茅塞頓開。「她睡在哪兒？」我問她的母親，「睡在我的床上。」她回答說。

疾病常常是受寵孩子的避難所。當他們生病時，他們會比平常更受寵愛。這種孩子在生病後才開始顯示出自己是個問題兒童，起初看起來是疾病使他成為問題兒童，這是常有的事。然而，事實是，他在康復後想起了自己在生病時所受到的寵愛，如果病好後，母親不再如他生病時那般寵愛他，他便會製造問題來做為報復。有時一個男孩會注意到，另一個男孩由於生病而成為注意的中心，他也希望自己生病，甚至會親一親生病的孩子，希望能感染上他的病。

有一個女孩生病住院四年，非常受醫生和護士寵愛。起初，她回到家，受到父母的寵愛，可是幾週後，他們的關注減少了。要是她某種想要的東西沒有得到時，她就會把手指放進嘴裡說：「我還住在醫院裡。」她提醒別人她病了，並試圖延續讓她隨心所欲的環境。我們在成年人中也會發現同樣的行為，他們常常喜歡談到他們的疾病或者動過的手術。另一方面，曾讓父母傷透腦筋的孩子會在一場疾病之後，恢復正常，不再打擾他們，這是常有的事。我們已經看到，器官缺陷是孩子的一種額外負擔，但是我們也看到，它們不足以解釋孩子性格上的不良特徵。因此我們會問：器官缺陷的消失，就其本身而言與改變有什麼關係？一個男孩，家中的次子，因撒謊、偷竊、翹課、殘忍以及不聽話，給家裡惹了很多麻煩。他的老師不知道該拿他如何是好，要求把他送進少年感化院。這時男孩生病了。他得了髖關節病，打上石膏在病床上躺了半年。當他康復後，他成了家裡最乖的孩子。我們無法相信他的病對他起到了這種作用。很快我們就清楚了，改變源於他認識到了以前的錯誤。他一直以為父母偏愛哥哥，總覺得自己被忽視了。生病期間，他發現自己成了關注的中心，得到每個人的照顧和幫助；因此他非常聰明地放棄了他總被忽視的想法。

有人主張，糾正母親犯下寵溺孩子這種錯誤的最好方法，就是不要讓她們照顧孩子，並且把孩子從母親的身旁帶走，交給保姆，或是送到有關機構。這種想法實在太可笑了。如果我們要找一個代理母親的人，我們都應該尋找一個能夠扮演母親角色的人——她必須像母親一樣關心孩子。培養孩子的母親成為這樣的人要簡單很多。在孤兒院長大的兒童經常對別人缺乏興趣，因為沒有人能在這些孩子和其他人之間架起人際關係的橋梁。

有人曾對孤兒院裡發育不良的兒童做過實驗。他們找來護士和修女給予兒童個人關照，或者把他安置在寄養家庭裡，讓家中的母親如對自己親生孩子般地照看他。只要養母選擇適當，結果就顯示出巨大的進步。養育這種孩子的最好方法，是幫他們找到能代替母親或父親角色的人，讓他們過上正常的家庭生活。如果我們將孩子從父母身邊帶走，我們所要做的就是尋找完成父母任務的其他人。許多失敗者都是孤兒、私生子、遺棄兒以及婚姻破裂家庭的孩子，由此可以看出母愛的重要性。

眾所周知，繼母非常難當，孩子常常和她對抗。問題並非無法解決，我曾看到對此問題的成功解決，但是大多數的婦女並不了解這種情況。也許在母親去世後，孩子轉向了父親，並受到他的寵愛。現在他們覺得失去了父親的關注，開始攻擊繼母，繼母覺得她必須反擊，孩子就真的受委屈了；她向他們挑戰，他們比從前反抗得更厲害。與孩子的鬥爭總是一場失敗的鬥爭：他絕不會被打敗，或者試圖通過戰爭贏得他的合作。在這些鬥爭中，最軟弱的方法才是最有效的。向他們索取他們拒絕給予的東西，通過搶奪是永遠不可能獲取的。如果我們認識到合作和愛絕對無法用暴力贏得，那麼在這世界上，就不會存在這麼多的緊張關係和沒有用處的努力。

父親的角色與責任

父親在家庭生活中的作用與母親同樣重要。起初他與孩子的關係不夠親密，他的影響稍晚才會產生。我們已經描述過，如果母親無法將孩子的興趣擴展到父親身上，可能造成的某些危險。孩子在他的社群情懷發展過程中就可能遭到嚴重的阻礙。父母婚姻不美滿，對孩子而言，處境就充滿危險。他的母親覺得自己無法把父親融入家庭生活中；她想使孩子完全遵從自己。也許父母雙方都會為了個人利益而把孩子當做雙方爭執的武器。每個人都希望孩子依附於自己，比對方得到更多孩子的愛

如果孩子發現了父母之間的衝突，他可能會有技巧地讓父母來爭奪他。結果，從競爭中，可以看到誰更善於管理孩子，或者誰更寵愛他。在這種氛圍中長大的孩子，是不可能訓練出合作能力的。他最早體驗到別人之間的初次合作，就是父母之間的合作；如果父母之間的合作不成功，那麼他們也無法成功教會孩子如何合作。孩子對婚姻和異性同伴的最初印象

來自父母的婚姻生活。不美滿婚姻中的兒童，除非他們的最初印象被糾正過來，否則就會在悲觀的婚姻觀念下成長。即便長大成人後，他們也會覺得婚姻註定會有不幸的結局。他們會嘗試避開異性，要不然就認定自己無法與異性好好相處。因此，如果父母的婚姻不能成為社會生活的和諧部分，也不能融入社會生活，那麼孩子的社會化發展就會受到嚴重的阻礙。婚姻的意義是兩個人為了對方的幸福，為了孩子的幸福，以及社會的幸福，而形成的伴侶關係。如果它在任何一方面失敗了，它就無法滿足生活的要求。

因為婚姻就是一種夥伴關係，所以兩個人都不應該想統馭對方。這一點需要我們付出比以往更多的考慮。在家庭生活的全部行為之中，權威根本沒有必要存在，假如其中有一個成員特別突出，或比別人更受重視，那一定非常不幸。如果父親的脾氣非常暴躁，而且想要掌控其他的家庭成員，那他的兒子就會對男性角色形成錯誤的觀點，而他的女兒也會承受更多的痛苦。在以後的生活中，她們會將男人視為暴君，婚姻則會被看做是一種奴役關係或臣屬關係。有時候，成年以後，她們會為了保護自己而遠離男性，甚至從其他女人身上尋找性趣。

如果母親是家裡掌權的人，整天對家裡的其他人嘮叨，那麼情況就會發生大逆轉。女兒可能會模仿母親的行為，變得刻薄而挑剔。男孩子則始終保持防禦的姿態，害怕被斥責，而且對於周圍那些想要征服他的人保持警惕。有時候，不只母親是暴君，姊姊和姑姑都會加入母親管束男孩的陣營。結果，男孩子會變得沉默、畏縮不前，不敢參加社交活動。他怕所有的女性都像母親一樣嘮嘮叨叨、吹毛求疵，於是他想要迴避所有的女性。

沒人喜歡受批評，但是假如一個人把躲避批評做為主要的生活興趣，那麼他與社會的關係就會受到干擾。他看待每件事，只依照自己的統覺基模來判斷：「我是征服者，還是被征服者？」那些把與別人的關係看做失敗或者勝利機會的人，是不可能獲得友誼的。

寥寥數語便可總結父親的任務。他必須證明自己是妻子、孩子以及社會的好夥伴。他必須以良好的方式應對生活的三個問題——職業、社交以及兩性關係。他必須以平等的立場與妻子展開合作，照顧並保護好家庭。他不應忘記，婦女在家庭生活的創造性方面所起的作用無人能比。父親的作用不是趕走母親，而是與其一起工作。尤其對於金錢事宜，我們應該強調，即便家庭的經濟支持依賴於他，這依然是共同的事務。他絕不應讓它看起來是他在給予，別人在接受。在美滿的婚姻中，男人養家糊口只不過是家庭勞動分工的結果。許多父親利用他們的經濟地位做為控制家庭的一種方法。家中不應有管制者，每個場合都應避免不平等的感覺。

每一位父親都應該意識到，我們的文化過分強調男人的特權地位，結果在婚後，妻子在某種程度上就害怕被控制，害怕低人一等。他應該了解，不能因為妻子是女性，不會以他供給家庭的方式來支援家庭，就認為妻子不如自己。如果家庭生活是真正的合作，不論妻子是否賺錢支持家庭，那麼誰賺錢、錢歸誰，都不是問題。

父親對孩子的影響如此重大，以至許多人終其一生都關注父親，要嘛視父親為偶像，要嘛視其為最大的敵人。懲罰，尤其是體罰，對孩子的傷害是很大的。不以友善的方式實行的任何教育，都是錯誤的教育。非常不幸的是，懲罰孩子的任務經常落在父親的身上。我們說它不幸，有幾個原因。

首先，它使母親有這樣一種信念：即女性無法真正地教育孩子，她們實際上是需要強力支援的弱者。如果母親告訴她們的孩子：「等你父親回來處罰你！」那她等於是向孩子傳遞一個訊息：父親才是最終的權威，才是真正掌控生活的力量。

其次，它破壞了孩子與父親之間的關係，使得孩子害怕父親，而不覺得他是一位好朋友。如果一些女性自己懲罰孩子，也許她們就會害怕失去對孩子的情感控制，可是解決這問題的方法，並不是把懲罰交給父親。孩子不會因為她召來了一位幫助她的執行者，就對她少點責備。許多女性依然運用「告訴父親」的威脅，做為迫使孩子順從的手段。這些孩子對男性在生活中所起的作用，會做何感想呢？

假使父親有效地處理了生活中的三個問題，那麼他會成為家庭整體的一部分，就是位好丈夫、好父親。他必須與別人相處融洽，才會結交朋友。如果他交了朋友，他就已使家庭成為周圍社會生活的一部分。他就不會孤單，不受傳統觀念的束縛。家庭之外的影響也會滲透進來，他向孩子展示了社群情懷與合作之道。

然而，如果丈夫和妻子各有不同的朋友，那將會很危險。他們應該生活在社會中的同一個團體中，並避免被各自的友誼分開。當然，我並不是指，他們應該長相廝守，互不分離；而是在共同生活的道路上，彼此之間不會感到有什麼困擾。例如，假使丈夫不想把妻子介紹給他圈子中的朋友，那麼這種問題就產生了。在這種情況下，他社會生活的中心便會放在家庭之外。他們應該認識到，家庭是更大的社會中的一個單元，家庭之外還有值得信賴的人和同伴，這對孩子的發展非常重要。

如果父親和自己的父母、兄弟姊妹相處得都非常好，這對他合作能力的發展就會很有好處。當然，他終須離開自己的原生家庭，獨自成家立業，但是這並不代表著他就應該不喜歡自己的直系親屬，與他們決裂。有時候，兩個人仍然跟父母住在一起的時候就準備結婚了，他們會過分重視他們和原生家庭之間的聯繫，當他們提到「家」時，他們指的是他們父母的家。假如他們仍然將父母視為家庭的中心，他們就不能建立起真正屬於他們自己的家庭生活。這就會對每個人的合作能力造成困擾。

有時，男方的父母猜疑嫉妒，想知道有關兒子生活的所有情況，並給新家庭造成了很多的困擾。他的妻子就會覺得，她沒有得到足夠的尊重，並對公公婆婆的橫加干涉非常憤怒。當男方不顧父母的反對而結婚時，這種情況就特別容易發生。他的父母可能錯了，也可能是對的。在兒子結婚前，如果他們對婚姻不滿，可以表示反對；一旦兒子結了婚，他們面前就只有一條路——他們必須盡全力保障兒子婚姻的美滿。如果家庭問題無法避免，丈夫就應該弄明白這些問題，不要為這些問題太過擔心。他應該把父母的反對看做是父母的錯誤，並盡自己最大努力證明自己的選擇才是正確的。對於夫妻來說，並沒有必要順從父母的意願，但是如果夫妻能彼此合作，而妻子也明白公婆的干預是為了他們倆的幸福著想，而不是為了公婆自己，那這個問題就會變得非常簡單。

眾人所期望的父親，必須擁有解決工作問題的能力。他必須受過職業訓練，必須能夠供養自己，支持家庭。在這方面，他可能得到妻子的幫助，也許以後還會得到子女的幫助。但是在我們現今的文化條件下，經濟責任主要落在男人的肩上。這個問題的解決方法就在於：他必須努力工作，勇氣十足；他必須了解他的職業，明白其利弊；他必須能夠與別人在職業上展開合作，得到他們的好評。

不僅如此，他會通過自己的態度，給自己的孩子樹立榜樣，教會他們如何面對工作中的問題。因此，他應該清楚自己成功解決這個問題的關鍵是什麼——找到一個對全體人類有所貢獻的職業。然而，他自己是否認為自己的工作有用並不重要，重要的是工作本身必須有用。我們不必聽他的一面之詞。如果他這個人喜歡自吹自擂，以自我為本位，我們只能覺得遺憾。但是，假如他做的工作對人類共同幸福有所助益，也就無所謂了。

家庭星座*

現在，我們來討論一下有關愛的問題——有關婚姻及建立幸福家庭的問題。做丈夫有一個重要條件：他必須關心自己的另一半。要看出一個人是否關心另一個人是很容易的事。如果他關心她，他就會對她喜好之物也產生興趣，同時會把她的幸福當做是自己必須達成的目標。關心某人並不是愛的唯一表達方式，和諧相處也是表達愛的一種方式。丈夫做為妻子的伴侶，必須以取悅妻子為榮。只有夫妻雙方都認為他們的共同幸福高於個人利益時，才可能有真正的合作。他們兩人對另一方的興趣都應該比對自己的興趣更濃。

丈夫在孩子面前，不應把對妻子的情感表現的太露骨。的確，夫妻之間的愛和他們對孩子的愛不好相比。它們是兩種完全不同的情感，任何一種情感都不會減少另一種。但是如果父母彼此過分親密，孩子有時就會覺得自己的地位降低了，他們開始嫉妒，希望製造紛爭。

不能輕忽夫妻之間的性生活。當父親對兒子、母親對女兒解釋與性有關的事情時，父母應該小心，不要主動提供太多信息，只需要告訴孩子他們想知道的，而且是在他們當前的發育階段中能夠理解的，這一點也很重

＊家庭中的每個成員所構成的家庭結構就像是銀河系，父母與子女的關係有如星座般，彼此會形成該家庭特有的家庭星座團。

要。我認為在我們這個時代有一種趨勢，想對孩子解釋更多他們還無法適當掌握的資訊，結果引起了不恰當的興趣和好奇，甚至把性不當一回事，而以稀鬆平常的態度等閒視之。這種趨勢不比過去對孩子不誠實、隱瞞性知識來得高明。父母最好要明白孩子想知道什麼，回答他正在思考的問題，而不是按照我們的標準，強迫他接受我們認為每個人應該了解的事情。我們必須要獲取孩子的信任，讓他覺得我們會與他合作，並願意幫他找出問題的解決之道。如果我們這樣做了，我們就不會錯得太離譜。

偶爾，有些父母也會擔心，他們的孩子會從同伴那聽到有害的性解釋，這一點道理也沒有。在合作和獨立性方面經過良好訓練的兒童，絕不會聽信朋友的片面之詞。孩子在這些事情上比他們的長輩更加細心。一個不準備接受錯誤觀點的孩子，絕不會受到「道聽塗說」的毒害。

在如今的社會中，男性有更多的機會去體驗社會生活，了解社會制度的優劣，以及自己國家和整個世界的道德關係。他們的活動區域仍然比女性大。因此在這些問題上，降臨在父親身上的重任就是擔當妻子和孩子的顧問。他不應吹噓自己豐富的經驗，並趁機予以利用。他並不是家庭教師。

他應該像朋友那樣給出建議，即使別人贊同他，他也要避免得意忘形，引起反感。如果未受過良好合作訓練的妻子有反抗，他就不應堅持自己的觀點或者使用權威，而是要尋找減少抗拒的方法。他是無法通過爭鬥而獲得成功的。

金錢不應被過分強調，或者成為爭執的話題。不掙錢的女性通常比丈夫更敏感，如果指責她們浪費，她們就會感到深受傷害。金錢的問題應在家庭能力的範圍內，以合作的方式予以處理。妻子和孩子不應利用他們的影響力迫使父親付出更多他所能提供的。從一開始，大家應該就支出問題取得共識，以免有人感到依賴或者受到委屈。

父親不應該認為，他只靠金錢就能保證孩子的未來。我曾讀過美國人寫的一本小冊子，書中描述了一個白手起家的富人，希望子孫後代免受貧窮和匱乏之苦。他去請教一位律師，問他如何做到這一點。律師問他，要幾代人富裕才能滿足他。他回答說，他認為可以成功延續到第十代。

「是的，你能做到。」律師說，「但是你可知道，第十代子孫中的每個人身上都流著超過五百個祖先的血液，你只是其中之一。五百個其他家庭都可以宣稱是他的祖先。那麼，他還是你的後代嗎？」我們在此可以看到另一個例子，無論我們為子孫做什麼，其實我們都在為整個社會做貢獻。我們無法逃避與同伴之間的聯繫。

如果家中沒有權威，那麼真正的合作必定會出現。父親和母親要齊心協力，就孩子教育有關的問題達成共識。至關重要的是，父親或者母親都不應該在孩子之間表現出某種偏愛。偏愛的危險絕非誇大其詞。幾乎童年時期的每一次沮喪都源自別人得到的偏愛。有時候，這種感覺根本不正確，但是有真正的平等就不會讓其有發展的機會。如果男孩比女孩更受偏愛，女孩心中的自卑情結就幾乎不可避免。孩子們都非常敏感，即使一個很好的孩子也會由於懷疑別人得到寵愛，而在生活中採取完全錯誤的方向。

有時候，會有某個孩子較為懂事，或者比其他的孩子更加乖巧，父母就會很難不去偏愛這個孩子。因此，父母應該有足夠的經驗和技巧來避免表示出來這種偏愛。否則，那個較為懂事的孩子就會對其他孩子的成長造成陰影並感到沮喪，他們會忌妒那個孩子，並懷疑自己的能力，而他們合作能力的發展也會因此受到阻礙。光說沒有這種偏愛是不夠的，父母還必須觀察孩子的心中是否對這種偏愛存有懷疑。

兄弟姊妹之間的平等

現在我們開始討論家庭合作另一個同等重要的部分，即孩子之間的合作。如果孩子們感覺不到平等，他們就絕不會對社群情懷有充分的準備。如果女孩和男孩都感覺不到平等，兩性間的關係就會繼續出現重大的困難。許多人會問：「同一個家庭的孩子為何差異如此之大？這是怎麼回事？」一些科學家試圖將其解釋為不同遺傳的結果；但我們卻認為這是一種迷信。我們可以把孩子的成長比喻為幼苗的成長。如果一片樹木種在一起，那麼事實上每棵樹都有不同的處境。如果一棵樹由於得到陽光和土壤的更多滋養而迅速成長，它的壯大就會影響其他所有樹木的生長。它遮蔽了其他樹木的陽光，它的根四處延伸，吸走了它們的營養。其他樹則營養不良，長得矮小。某個成員過於突出的家庭也存在類似情形。

我們說過，不管是父親還是母親，都不應該去奪取家中的統治地位。如果父親非常成功，或者才能出眾，孩子們會覺得自己永遠都不可能獲得如父親般的成就。他們的成長過程中充滿了挫敗感，他們對生活的興趣也會受到妨礙。這就是為什麼有的知名人士的子女，會成為父母心中的遺憾。因此，如果父母在自己的行業中很有成就，他們不應在家庭中過分強調他們的成功，否則孩子們的發展便會受到阻礙。

這同樣也適用於孩子們之間。假如有個孩子一枝獨秀，他很可能奪走了父母大部分的注意力。這對於這個孩子而言是好事，但其他的孩子卻會憎恨這種差別待遇。要讓一個人屈居於他人之下而不心存怨恨，幾乎是不可能之事。一個表現突出的孩子會對其他孩子造成傷害，要說其他孩子在成長過程中心靈缺乏潤澤，也並非言過其實，他們不會停止對優越地位的追求，因為這種追求是不可能停止的，然而，他們的追求卻會轉到其他不切實際或沒有任何用處的方向。

根據孩子在家裡的排行，探討他們所體驗到的相對有利和不利的條件，個體心理學在這個方面已經打開了一個非常廣闊的研究領域。為了讓我們用一種最簡單的模式來思考這個問題，我們可以假設父母之間關係和睦，並用盡了自己最大能力來撫養孩子。然而，每個孩子在家裡的排行仍然會造成巨大的影響，而且每一個孩子都會在一個與他人完全不同的環境中長大。我們必須重申，雖然來自同一個家庭，但是兩個孩子的成長環境肯定是不一樣的，而且每個孩子的生命風格也將影響他們適應自己這個特有環境的能力。

—最大的孩子—

所有的老大都會經歷一個特有的時期，先是家裡唯一的孩子，然後突然就不得不讓自己適應老二出生之後的新環境。第一個出生的孩子通常都曾擁有過全家人的關注，而且備受寵愛。他們常常習慣於成為家庭的重心。但所有一切都來得太過突然，猛然地就發現自己被剝奪了原有的地位。另一個孩子的降生讓他們變得不再唯一。現在，他們倆必須分享父母的關愛。這樣的改變常常會造成很大的影響，而且很多問題兒童、神經質患者、罪犯、酗酒者及性錯亂者的問題都源自這樣一種環境。他們是家裡最大的孩子，對其他孩子的出生都會有很大的感觸，他們的這種被剝奪感會影響他們的整個生命風格。

後來的孩子也可能會以同樣的方式失去自己的地位，但是他們的感受也許不會這麼強烈。他們已經體會過與另一個孩子的合作。對於最大的孩子來講，這代表著一種完全的改變。如果他確實因為新生兒的到來而遭受冷落，我們便無法期望他會心平氣和地接受這種情境。如果他們心懷怨恨，我們也不能將責任歸在他們身上。當然，如果他們的父母能夠讓孩子感受到投放在他們身上的感情不會減少，如果他們知道他們的地位不會發生變化，最重要的是，如果他們為弟弟妹妹的到來做好了精心的準備，而且已經接受過合作的培養，這樣的危機就會在沒有壞影響的情況下安然化解。但是通常情況下，他們都沒有準備。新生兒確實從他們身邊帶走了父母的關心、愛護和欣賞。他們開始試著將母親拉回自己身邊，會努力思考重新獲得母親關愛的辦法。有時，我們會看到一個母親被兩個孩子拉過來扯過去，兩個孩子都在努力比對方獲得母親更多的關注。

最大的孩子通常會強取豪奪，並想出新策略。我們完全可以想像出他們在這樣的環境下會做些什麼。如果我們站在他們的角度來看，我們就會做出與他們完全一樣的選擇，並追求自己的目標。我們會想辦法讓母親擔心，與她對抗，並表現出一些她無法忽視的惡行劣跡。他們想盡一切辦法與母親對著幹，發動一場絕望的戰爭。他們的母親會疲於應付他們所製造的這些麻煩，而耗盡母親的耐性，此時他們可真正嘗到不再受人疼愛的滋味了。他們為了得到母親的愛而爭戰，結果卻是失去了它。他們先是覺得自己受到了冷落，卻因為自己的所作所為真的受到了冷落。他們認為自己是對的。他們會說：「我知道的，別人都錯了，只有我是對的。」他們像是掉在陷阱裡，越是掙扎，情況就會越糟糕。他們一直以來對自身情況的認知都得到了證實。當他們所有的本能都在說他們是對的一方，他們怎麼可能放棄爭奪？

在所有的這些爭鬥中，我們必須探究清楚個體所身處的環境。如果母親回擊，這些孩子將會變得非常急躁、難以控制、刻薄而且不守規矩。他們與母親作對之時，父親常常會給他們一個機會，讓他們重拾之前的受寵地位。他們會對父親越來越感興趣，並努力贏得父親的關愛。最大的孩子常常更喜歡父親，並向父親那方傾斜。只要看到孩子更喜歡父親，我們就能確定他已經發展到了第二階段：第一階段，他們會依賴自己的母親，但是現在，母親已經失去了孩子們的喜愛，而且他們已經將這種喜愛轉移到父親身上，做為一種與母親作對的手段。如果孩子更喜歡父親，我們就知道，他們之前已經遭遇了挫敗；他們感覺自己已被拋棄，是落選者，他們無法忘記這種感受，而且他們的整個生命風格都會建立在這種被拋棄的感受之上。

這樣的爭鬥會持續很長的時間，有時甚至會是整個一生。這些孩子已經培養了自己爭鬥與反抗的能力，在任何情況下他們都會繼續爭鬥。也許他們不會吸引任何人的興趣。因此，他們會失去希望，並想像自己永遠都不會獲得他人的喜愛。他們脾氣乖戾、沉默寡言，而且不能融入他人之中。他們會訓練自己適應孤獨。這種孩子的所有行為和言辭都會指向過去他們還是眾人關注焦點的那段業已消逝的時光。

由於這個緣故，最大的孩子通常以某種方式表現出對過去的興趣。他們喜歡回顧過去，談論過去。他們是過去的眷戀者，對未來感到悲觀。有時，這種已經失去對自己小王國的統治力的孩子，會比他人更加理解權力和權威的重要性。當他長大後，他喜歡搬弄權威，並誇大規則和法律的重要性。每件事都得依照規則辦事，任何規則都不能隨意改變；權力應該掌握在授權者手上。我們可以理解，童年時期諸如此類的影響會產生一種強烈的保守主義傾向。如果這樣的人能夠為自己爭取一個良好的位置，他們就會一直懷疑那些想要取代他們位置的人會從後面追上來，把他們從位置上趕下來。

長子的地位雖然會造成特殊問題，但是如果處理得當，也會轉化為優勢。如果在次子出生後，他已學會了合作，他就不會遭受傷害。在這些長子之間，我們發現有許多人形成了保護並幫助別人的性格。他們學會了模仿父親或者母親；他們常常對年幼的孩子扮演父母的角色，照顧他們，教育他們，讓自己對他們的幸福負責。有時他們會形成善於組織的非凡才能。這都是有利的例子，儘管保護別人的性格可能被誇大為讓別人依賴自己並控制他們的欲望。以我個人在歐洲和美國的經驗看來，我發現絕大部分問題兒童都是長子，緊隨其後的是幼子。有趣的是，這些極端的地位造成了極端的問題。我們的教育方法仍沒有成功解決長子的這種困難。

第二個孩子

第二個孩子的情況完全不同，這種情況也不能跟其他孩子的情況相比。從他們出生的那刻起，他們就要與另一個孩子分享父母的關愛，因此，他們與最大的孩子相比，更容易與別人合作。他們擁有的圈子要更大一些，假如最大的孩子不與他們爭寵，不與他們作對，他們的生活就會非常舒適。但是，最重要的問題出現了，他們的排行使得其整個兒童時期都有一個競爭者。總是有個孩子跑在他們前面，無論是年齡，還是發育，他們一直都會受到一種刺激，為了趕上前面那個人，不停地督促自己。第二個孩子非常典型，很容易就能認出來：他們的行為總是表現得像是在比賽，彷彿有人總是比自己快那麼一兩步，而自己必須快馬加鞭，跑到他們的前面去。他們時刻都在全速前進，不斷地訓練自己，以超過自己的哥哥或者姊姊，並征服他們。

《聖經》中包含了許多奇妙的心理學暗示，在雅各的故事中，就對典型的第二個孩子進行了非常優美的描述。他想要成為第一，奪走以掃的位置，打敗以掃，超越以掃。第二個孩子常常會因為總是感覺自己落於人後，而受到激發，想要努力奮鬥超越他人。他們常常會獲得成功。與第一個孩子相比，第二個孩子通常更加有才，更加成功。在此，我們並不是在暗示遺傳在這種發展中發揮了什麼作用。如果他們進步速度更快，那是因為他們付出了更大的努力。即便在他們長大之後，離開了家庭這個圈子，他們也常常會找到另一個競爭者，將自己與那個他們認為擁有更多優勢的人做比較，並試圖打敗他。

我們不只在他們清醒的時候看到這些特徵。他們會在所有的個性表達中留下他們的印記，在夢中也能很容易地找到。比如，最大的孩子常常夢見自己墜落。他們是家裡老大，但是他們不能確定自己是否能夠保持住自己的優越性地位。另外，第二個孩子常常會設想自己處於競爭之中。他們會夢見自己追火車，或者參加自行車比賽。有時這種忙碌而又急匆匆的夢非常有特點，我們一眼就能看出做夢者是第二個孩子。

然而，我們要說，在這一方面沒有固定的規則。表現得像長子的不只是長子本人。我們要考慮的是整個環境，而不只是出生順序。在一個大家庭中，較晚出生的孩子有時也會處在長子的位置中。例如，也許有兩個孩子接連出生，一段時日以後第三個孩子也出生了，接著又生了兩個孩子。第三個孩子就有可能表現出長子的所有特徵。因此，次子也會如此，典型的「第二個孩子」也許會出現在第四個或者第五個孩子出生之後。兩個孩子一起長大，只要年齡相近又與其他孩子相差很遠，他們就會顯示出長子和次子的特徵。

有時，最大的孩子會在這場競爭中失敗，此時，你就會發現，最大的孩子會出現一些問題。有時他們能夠保住自己的地位，並擊退弟弟妹妹，此時，第二個孩子就是出現麻煩的一方。如果老大是男孩子，而老二是女孩子，這樣的排行會造成極大的困擾。他一直承受著被女孩子打敗的威脅，而這在我們當今社會，他會將此看做是一種嚴重的羞辱。男孩子與女孩子之間的競爭會比同性之間的競爭更為激烈。

在這個競爭中，女孩子天生就比較受歡迎，在十六歲之前，她在生理和心理上的發展都要比男孩子更快。通常情況下都是哥哥放棄爭鬥，變得懶惰而且心灰意冷。他會運用惡作劇或甚至不擇手段來攻擊對方，例如吹牛或撒謊。我們幾乎可以擔保，女孩將會在這種情形下獲勝。我們將會看到，男孩使用各種錯誤的方法，女孩則輕鬆地解決問題，並且進步驚人。這些困難都可以避免，但事先要知道危險所在，在危險到來之前採取各種措施。只有家庭成為平等的整體，成員之間互相合作，沒有對抗意識，不要讓孩子毫無根據地認為他有敵人並花費時間與之爭鬥，這樣才會避免嚴重的後果。

— 最小的孩子 —

除了最小的孩子，其他孩子的地位都有可能被威脅。但是，最小的孩子永遠都不會失去自己的地位。他們沒有弟弟妹妹，卻有著很多的競爭者。他們一直都是家人的寵兒，也是最被遷就的孩子。他們會面臨所有受寵孩子遇到的問題，因為他們會受到眾多的刺激，他們會遇到諸多的競爭，最小的孩子常常會發展得特別好，也要比其他的孩子進步得快，並把其他孩子遠遠甩在身後。最小的孩子的地位在人類歷史存在以來就一直沒有變過。在人類最古老的故事裡，便已經有最小的孩子如何超過兄姊的記載。

《聖經》中，取得勝利的常常是最小的孩子。約瑟是做為最小的孩子被撫養長大的。約瑟出生之後十七年，便雅憫出世了；雖然便雅憫要比約瑟小十七歲，但他對於約瑟的成長沒有任何影響。約瑟的生命風格是典型的最小孩子的生命風格。他始終肯定著自己的優越，甚至在夢中也是如此。其他孩子在他面前都自甘示弱，他是幾個孩子中最出色的。他的兄弟們都很了解他的夢。這對他們來說並不是件難事，因為他們一直都跟約瑟朝夕相處，對他的心態也都一清二楚。約瑟在自己夢中所出現的那種感受，他們也都感受到了。他們害怕約瑟，想要擺脫他。但是，雖然在家中排行最小，但約瑟仍然得了第一。在以後的日子裡，他成為家裡的棟梁，支撐著整個家庭。

最小的孩子通常都是整個家庭的支柱，而且這不可能有任何例外。人們一直都知道這點，並一直傳說一些有關最小孩子的力量的故事。其實，他們身處的是一個非常有利的環境：來自父母和兄弟姊妹的幫助，還有許多事物可以激發他的野心和努力，同時又沒有人從後面攻擊他或分散他的注意力。

但是，正如我們所見，問題兒童的第二大族群就是由最小的孩子組成。通常這是因為他們總是接受了來自整個家庭的溺愛。受寵的孩子永遠都沒法獨立。他們缺乏通過自己的努力獲得成功的勇氣。最小的孩子通常都有著各種雄心壯志，但所有最富野心的孩子都是懶惰的孩子。懶惰是野心加上喪失勇氣所得出的結果；野心太大以致於使人看不到有實現的希望時，自然會令人心灰意冷。有時最小的孩子不願承認任何一種野心，但這是因為他想在各個方面都超越別人，他希望不受限制，獨一無二。從最小的孩子可能遭受到的自卑感看來，這一點很容易理解。環境中的每一個人都比他年長、強壯而且經驗豐富。

獨生子女

獨身子女也有屬於他們的問題。他們也有競爭對手，但是這個競爭對手既不是哥哥姊姊也不是弟弟妹妹。他們競爭的感覺是針對他們的父親。獨生子女一般都會得到母親的寵溺。她害怕失去這個孩子，想要將他們保護在自己的臂彎之下。結果，他們會發展出一種「戀母情結」，終日被繫在母親的圍裙帶上，想要將父親逐出家庭的圈子之外。只要父親和母親能夠相互協作，讓孩子對父母雙方都感興趣，那這樣的情況也就不會發生。但是，在大多數的案例中，父親與孩子之間的關係明顯要比母親差。最大的孩子有時會與獨生子女非常相似：他們想要超越父親，他們也喜歡比自己大的人陪在身邊。

通常，獨生子女會害怕自己有弟弟妹妹。父母的朋友總會開玩笑說：「你就要有弟弟妹妹了哦。」他們非常不喜歡這樣的預言。他們想一直都是眾人關注的中心。他們真的認為這是他們的權利，如果自己的地位受到挑戰，他們會覺得自己很難應付。在以後的生活中，當他們不再是關注的中心，他們就會出現很多問題。還有一種情況也會威脅到他們的成長，那就是如果他們出生在一個小心翼翼的環境之中。如果他們的父母由於身體上的原因不能夠再生育了，那麼我們該做的唯一事情就是盡力幫他解決獨生子女可能遇到的問題。但是我們通常會發現，獨生子女都出現在一些父母沒有任何生育問題的家庭之中。父母都膽小羞怯，非常悲觀。他們覺得自己的經濟能力只夠養大一個孩子。孩子成長的整個氛圍就會充滿焦慮而受到不良影響。

如果家裡的孩子年齡差距較大，那每個孩子都會擁有一些獨生子女的特徵。這種情況也不是很理想。常常有人問我：「你覺得孩子年齡差距多大最為合適？」就我的經驗來看，我會說，最佳的年齡間距是三年。三歲的孩子在新生兒出生的時候已經能夠與他人合作，他們已經能夠明白家裡還會有另一個孩子。如果只相差一歲半或者兩歲，我們就不能與孩子討論這個問題，而孩子也不能理解我們的討論。因此，我們就不能幫助他們準備好接受這些事情。

如果一個家庭裡只有一個男孩，其餘都是女孩子，那這個男孩子的日子將很不好過。如果父親大部分時間都沒待在家裡，那他所面臨的就完全是個女性環境。他所看到的只有母親、姊姊妹妹，或許還有家裡請的保姆。他的感受會與其他孩子不一樣，成長過程也很孤獨。如果家裡的女性都聯起手來對付他，那這樣的情況就尤為嚴重。她們覺得她們必須一起教育他，或者她們想要證明他沒什麼值得驕傲的，因此便造成了大量的抗拒和敵意。如果他不是家裡最大或者最小的孩子，而是處於排行的中間位置，那他的地位就會更為低下——承受來自兩頭的攻擊。如果他是家裡最大的孩子，他還會遭遇另一種風險，緊隨其後的女孩會成為他強勁的對手。如果是最小的孩子，就會得到所有家人的寵溺。

這類身處女孩群中的唯一男孩，並不是人人都喜歡的類型，但是如果他能夠積極參與社會生活，結交家庭以外的其他孩子，這個問題就能解決。否則，身邊都是女孩子，他的作風也會帶有女孩的味道。純粹女性的環境與男女混合的環境非常不一樣。如果家裡沒有任何標準，而是根據家裡人的品位而布置，你便可以肯定女性居住的房屋會非常整潔乾淨，家居品的顏色也會經過精心挑選，小至每一個細節。可是如果家裡男性居多，大概就不會這麼整潔了，其中可能充滿紊亂、喧鬧和破舊的傢俱。一群女孩子中唯一的男孩在成長過程中會逐漸傾向於女性的品位，也會用女性的視角看待生命。

反過來說，他也可能強烈地反抗這種氣氛，並非常重視自己的男性氣息。因此，他常常保持一種防禦心態，下定決心不受制於女子的掌控。他會覺得自己必須堅持自己的個性和優越性，但是這就會造成家中常年存在緊張情緒。他的發展會走向極端：他會進行自我訓練，最終要嘛非常強大，要嘛非常軟弱。同樣地，如果女孩子在男生堆裡長大，她的發展要嘛非常具有女性的陰柔氣質，要嘛就非常具有男子氣概。通常，她一生都會受到不安全感和無助感的折磨。這種情況非常值得深究。我們並不會每天都會遇到這種情況，所以在我們過多討論之前，必須對更多的案例進行研究。

每當我研究成人的時候，我總會發現，童年的遭遇在他們身上會留下一定的影響，而且這種影響會持續一生。在家中的排行會給個體的生命風格留下不可磨滅的印記。成長中所遇到的每一個困難都是源自家裡的競爭和合作的缺失。如果我們環顧我們的社會生活，或者放眼整個世界，自問為什麼競爭和對立是其最為重要的一個方面，這時我們必然會發現，每個地方的人都在追求著想要成為征服者這樣一個目標，都想要戰勝他人、超越他人。這個目標是兒時的經歷所導致的，都是孩子在家裡感受不到家庭成員之間的平等而造成的競爭和對立導致的。我們要避免這一類的危害，唯一的方法就是給予兒童更多的合作訓練。

第七章 學校的影響

如果從事教育的人把性格和智力的發展全部歸之於遺傳，那麼教育也就沒有什麼意義了。老師和父母如果能夠影響到孩子，就不能將遺傳做為藉口來逃避教育孩子的責任。

教育的變革

學校是家庭的延伸。如果父母能夠訓練他們的孩子，讓他們適當地解決生活問題，也就無需學校教育了。在其他文化裡，經常有孩子幾乎完全在家裡接受訓練。工匠會把他從父親處學到的技巧，和自己從實際經驗中悟得的本領，傳授給自己的兒子。然而，我們當今的文化對我們提出了更複雜的要求，所以學校有必要來減輕父母的負擔，繼續他們已開始的工作。社會生活需要它的成員接受比我們在家中給予他們的更高程度的教育。

在美國，學校還沒有像歐洲那樣，已經經歷過許多不同的發展階段，但是我們有時仍然會看到權威式傳統的遺跡。在歐洲教育史裡，最初只有王公貴族才能接受教育。他們曾被認為是社會中唯一有價值的一群人，其他人只要安分守己、默默無聞過一輩子就好。後來，社會限制擴大了。教育由教會機構掌管，只有少數經過挑選的人才會接受宗教、藝術、科學，以及專業學科的教育。

當工業技術開始發展後，這些教育形式就相當不足了。爭取更廣泛的教育普及是一場持久戰。鄉村和城鎮的學校校長通常都由工匠和裁縫擔任。他們手握棍棒教育孩子，教育的結果非常糟糕。只有教會學校和大學才講授藝術和科學，有時候甚至連國王都不會閱讀和寫作。如今，隨著工業革命的到來，連工人都有必要學會閱讀和寫作，並懂得加減運算以及繪畫。因此，眾所周知的公立學校也得以建立。

然而，這些學校總是根據政府的政策而建立的。當時政府的目的在於培養順從的民眾，訓練他們維護上層階級的利益，並能當兵作戰。學校的課程都服從這個目標。我記得奧地利有段時間還部分保留這種情形：對平民階層的訓練就是使他們服從，讓他們從事適合其地位的工作。我們可以看到這種教育越來越多的弊端。自由的思想開始萌芽，工人階級變得更加強大，要求也更高。公立學校採納了他們的要求。時下最流行的教育理念是，我們應該教會孩子為自己著想，給予他們熟識文學、藝術和科學的機會，分享所有人類文明，並對其有所貢獻。我們不再希望只教孩子掙錢或者在工業體系中獲得一個職位。我們需要同伴。我們需要的是在文化的共同工作中平等、自立和負責任的合作者。

教師的角色

不管是有意還是無意，每個提議教育改革的人，都是想要通過學校生活，尋求一條能夠提升合作能力的方法。這就是隱藏在性格教育背後的目的，如果我們能夠清楚明白這一點，這個要求的正當理由就會非常明顯。然而，從整體來看，教育的目的和技巧都還沒有得到完全的理解。我們要求老師，不僅要教會孩子自食其力，還要讓他們造福人類。他們必須認識到這個使命的重要性，而且也要接受良好的教育去完成這個使命。

性格教育的重要性

性格教育目前仍處於摸索階段，我們必須把教條置之度外——在性格教育中，我們不做嚴格而僵化的要求。然而，學校的教育成果也不是十分令人滿意。家庭教育已經失敗的孩子，來到學校後，即便接受了訓誡和勉勵，也還是會犯同樣的錯誤。因此，除了對老師進行培訓，讓他們提升理解和幫助孩子發展的能力，別無他法。

我大部分的時間都在從事這方面的工作。我相信，維也納的許多學校在這方面已經遙遙領先其他地方。在別的地方，雖然也有精神病學家在看過孩子之後，就他們的情況給出建議，但是，除非老師也同意他們的意見，並了解如何去執行，否則根本不會起作用。

精神病學家每週和孩子見面一次或者兩次——也許甚至每天一次——但是他並不能真正知道來自環境、家庭、家庭以外，以及學校本身對孩子的影響。他寫了一個便條，說孩子應該改善營養或者接受甲狀腺治療。也許他給了教師暗示，這個孩子需要個別指導。然而，教師卻不知道這個處方的目的，也缺乏避免錯誤的經驗，除非他自己了解孩子的個性，否則他也無能為力。

我們需要精神病學家和教師間進行最密切的合作。教師必須知道精神病學家所知道的一切，以便在討論完孩子的問題後，他才可以獨立進行工作，而無需進一步的幫助。如果出現任何始料不及的問題，他就應該明白要做什麼，就如同精神病學家在場一樣。最實用的方法可能就是成立諮詢委員會，比如我們在維也納所建立的。我將在本章的末尾描述這種方法。

當孩子第一次上學時，他會面對社會生活的新考驗。這種考驗會揭示他成長中的各種錯誤。現在，我們必須在比從前更廣闊的場合下合作，如果他在家裡受到寵愛，也許他就不願離開受到庇護的生活，加入其他孩子的行列。因此，在被寵壞的孩子開始學校生活的第一天裡，我們便能看出受寵孩子在社群情懷的局限性。他可能會哭泣，希望被帶回家。他對學校的課業和教師都不感興趣。他不聽老師說的話，因為他總是想著自己。假如他繼續只顧自己，他在學校中就會落於人後。這一點很容易看清。

父母常常告訴我們，問題兒童在家裡不惹是生非，但是一上學，問題就出現了。我們懷疑，兒童覺得自己在家裡處於一個特別有利的環境之中。家裡對他沒有任何考驗，成長中的錯誤就體現不出來。然而，一上學，他就不再受到寵愛，他覺得這種情形是種挫敗。

有個孩子，自上學第一天起，除了嘲笑教師的一舉一動之外，就無所事事。他對學校任何事情都不感興趣，有人認為他肯定是個低能兒。當我看到他時，我對他說：「大家都想知道你為什麼總是嘲笑學校？」他回答說：「學校就是父母編出來的一個笑話，他們把孩子送到學校，愚弄他們。」他在家中總是受到嘲弄，所以他相信所有新環境都是別人要尋他開心的詭計。我告訴他，他太強調要保護自己的尊嚴了，並不是每個人都要來愚弄他的。結果，他使自己對學校開始產生興趣，並取得很大進步。

—師生關係—

注意學生的問題，糾正父母的錯誤，這都是學校老師的工作。他們會發現，有些學生已經為這個更廣闊的社會生活做好了準備，他們在家裡都已經接受了良好的訓練，能夠對別人產生興趣。但是還有一些兒童還沒有做好這種準備。當一個人對某一問題沒有準備時，他會舉棋不定，或畏懼退縮。所有看似遲鈍但是並非真正心智有問題的孩子，多半是在適應社會生活時有些猶疑或退卻，而老師就處在一個絕佳的位置，可以幫助他接受自己在新環境裡的角色。

但是，老師該如何幫助他呢？老師要做的事情必須和母親應該做的事情一樣——和學生保持親密的關係，獲取孩子們的注意，絕不能用訓斥或懲罰的方法對待孩子。假如一個孩子到學校後，面對的是老師的懲罰和責備，就只能加深他對學校的厭惡。換個角度想，如果我是一個在學校裡經常受到訓斥苛責的孩子，我對老師們也會敬而遠之的。我會尋找一個能夠逃離這種局面的方法——逃學。

頑劣而難以管教的壞學生，大多數是把學校視為令人不快的場所。而時時想翹課的孩子，他們並不是真的愚笨，往往在編造不去上學的藉口或模仿家長的簽字時，顯得足智多謀，並頗具獨創性。他們在學校外面就和其他逃學的孩子混在一起，從這些同伴那裡，他們獲得了在學校裡無法得到的讚賞和認同，這讓他們很感興趣，並讓他們在這種幫派的小圈子中，找到了自己存在的價值感，而不是學校。在這種情況下，我們可以看到，那些在班級中找不到平等感受的孩子，是如何踏上犯罪之路的。

—讓孩子對學習感興趣—

假使教師想要吸引孩子的注意，他就會了解孩子以前的興趣在哪裡，並讓他相信他在這種興趣上以及在其他興趣上都能獲得成功。當孩子在某一方面覺得有信心時，在其他方面激勵他就更容易了。因此，從一開始，我們就應該發現孩子如何看待世界，哪種感覺器官吸引了絕大部分注意，並受到最高程度的訓練。一些兒童對觀看最感興趣，一些則喜歡聆聽，還有一些喜歡運動。視覺型的兒童更易於關注運用眼睛的學科，例如在地理或者繪畫方面。如果老師只是單純地講課，他們是不會聽的，因為他們不習慣使用聽覺注意力。假如這種孩子沒有機會通過眼睛學習，他們就會落於人後。大家可能認為他們是能力不足或沒有天賦，並歸咎於遺傳。

其實，老師和家長也難辭其咎，他們沒有找出使孩子產生興趣的正確方法。我不建議對孩子實行特殊教育，而是應該利用他已經發展出來的興趣做為一種動力，鼓勵他發展別的興趣。當今，有些學校借用吸引所有感官的方法教育孩子各種課程。例如，將模型或者繪畫的練習與課程結合在一起。這是一種應予以鼓勵並進一步發展的趨勢。

所有的課程在教授的時候，最好的方法就是將其置於生活的情境之中，讓孩子們能夠看出這種教導的目的和他們所學知識的實用價值。也許有人會問：教育孩子的時候，是該直接傳授課本知識給孩子，還是教會他們獨立思考，兩種方法哪種更好?依照我的看法，這不是孰好孰壞的問題，應該將這兩種方法結合起來。例如，在教育孩子的時候，把建造房子和數學結合在一起，讓他算出需要多少木材，裡面可以住多少人等等，對他一定有很大幫助。

一些課程很容易放在一起教，我們經常發現老師把生活的一部分和另一部分聯繫起來。例如，一名教師可以和孩子一起散步，發現他對什麼最感興趣。他可以教他們同時去了解植物以及植物的構造、進化及其利用、氣候的影響、某種地貌的特徵、人類的歷史與生活的方方面面。當然，我們必須假定，這位老師是真的很關心自己的學生。如果沒有這個先決條件，我們便無法期望他會以這種方式教育孩子。

教室裡的合作與競爭

在現今的教育體制下，我們通常發現，孩子們開始上學後，他們都對競爭的準備勝過合作。在他們的學校生活中，對競爭的訓練也會一直持續不斷進行。對孩子而言，這是種不幸；如果他向前進，努力打敗其他孩子，他的不幸並不會比他落後於人、進而放棄鬥爭來得少。在這兩種情境下，他在根本上都只對自己感興趣。他的目標並不是奉獻和施予，而是弄到一切他可以弄到的。家庭就是一個整體，每個成員都是平等的一分子，班級也應該如此。只有以這種方式展開教育，孩子們才會對別人真正感興趣，並享受合作。

我曾見過許多問題兒童通過與同伴合作並對他們感興趣之後，態度發生了徹底的改變。在這裡，我特別提到一個孩子。他來自一個他認為對自己充滿敵意的家庭，他以為在學校裡每個人也會與他為敵。他在學校的功課很糟糕，父母聽說了以後，就在家裡懲罰他。這種情況太常見了：一個孩子在學校裡拿了一張很差的成績單，挨了罵；他拿回家之後，又再次受罰。這種經驗足以讓人灰心喪氣，因為雙重懲罰非常可怕。毫無疑問，這個孩子在班上調皮搗蛋，成績也始終不見起色。後來，他遇見了一個理解他處境的老師。這位老師向其他孩子解釋了這個男孩為什麼認為每個人都是他的敵人。他號召他們幫助他，讓他相信他們都是他的朋友。結果，這個男孩的整個行為和發展都得到了難以置信的改善。

有時候，人們會懷疑孩子是否真的能夠接受訓練，從而彼此理解、彼此幫助。以我的經驗來看，孩子常常比他們的長輩更能理解人。有位母親曾經把她的兩個孩子帶到我這兒來，一個兩歲的女孩和一個三歲的男孩。小女孩爬上了桌子，她的母親嚇了一大跳，緊張地一動也不動，只是大聲叫道：「下來！下來！」小女孩視若無睹。那個三歲的男孩說：「不准動！」女孩子馬上就爬下來了。他比母親更了解妹妹，知道她要做什麼。

常常有一種看法認為，要增加班級裡集體同學的團結和合作，就得讓孩子們自我管理。但我認為在這種嘗試中，我們必須在老師的指導下謹慎行事，並且確保他們有所準備。否則，我們會發現孩子們對自我管理並不會十分嚴肅看待：他們視其為一種遊戲。結果，他們有可能比教師更嚴格、更苛刻；或者他們利用班會來獲得個人利益，爭權奪利，排斥異己，或者獲得優越地位。因此，在一開始的時候，老師的監督和建議就非常的重要。

─評定孩子的發展─

如果我們想找到孩子當前心理發展、性格以及社會行為的標準，那麼我們無法避免運用這樣或那樣的測驗。實際上有時候，比如智力測驗之類的測驗可以成為兒童的救星。例如，一個男孩成績很差，老師想讓他留級，但是他做了智力測驗後，卻發現其實他可以應付更高年級的學習。然而，我們應該意識到，我們無法預測孩子未來成長的潛力。智商應該只用來了解孩子的困難，這樣我們就可以找到解決它們的方法。就我的經驗來看，當智商顯現出某人並不是真正的心智低下時，如果我們找到了正確的方法，智商就可以提高。我發現，只要讓孩子們玩智力測驗，熟悉它們，找到竅門，增加這些測驗考試的經驗，他們的智商就會得到提高。智商不是命運或遺傳決定的，也不應用來限定孩子未來的成就。

而且，無論是孩子還是父母，都不應該知道孩子的智商分數。他們不知道這類測驗的目的，會誤以為這是最終的結果。在教育中引起最大困擾的，並不是孩子的各種局限，而是他認為自己有這樣的局限。假如一個孩子知道他的智商很低，他可能覺得全無希望，認為成功遙不可及。在教育過程中，我們應該全力設法增加孩子的勇氣和信心，幫他從對自己的限制中解脫出來。

學校成績單也應如此處理。教師給了一個孩子很差的成績單，他認為這是在激勵學生更加用功。然而，如果這個孩子家教嚴格，他就會害怕把成績單帶回家。他可能不回家或者塗改成績單。有時孩子甚至會在這種情形下自殺。因此，教師們應該考慮後面會發生什麼事情。他們雖然不用對孩子的家庭生活以及它對孩子的影響負責，但是他們必須加以考慮。

如果父母都望子成龍，當他帶著很差的成績單回家時，就有可能面對責罵的下場。如果教師稍稍溫和，更加憐憫，孩子就可能受到鼓勵，繼而獲得成功。當孩子總是拿到很差的成績單，從而每個人都認為他是班裡最差的學生時，他就信以為真，認為這不可能改變了。然而，即使是最差的學生也會進步的，在許多著名的人士之中，有足夠的例子可以說明，學校的後段班學生可以恢復信心和興趣，取得偉大的成就。

非常有趣的是，孩子們通常可以不用通過成績單，就能對彼此的能力有相當精確的了解。他們知道誰的數學、拼寫、繪畫和體育最好，並把他們自己區分出高下。他們最常犯的錯誤就是認為自己無法做得更好。他們看到別人領先於自己，就認為自己無法趕上了。如果一個孩子對這種看法非常執著，那他就很有可能會讓這種態度維持一輩子。即使長大成人之後，他也會計算他的地位和別人之間的距離，並認為自己永遠都會這樣遠遠落後於人。

在學校裡我們常常發現一種現象，大部分學生在班上不同的學期，大致會保持相同的名次。要嘛排名靠前，要嘛居中，不然就殿後。我們不應該根據排名來判定孩子天賦的高低，排名展現的是孩子們為自己所設定的局限、他們的樂觀程度與他們的活動範圍。我們常看到排名殿後的孩子發生巨大的變化，開始取得驚人的進步。孩子應該了解這種自我限制所犯的錯誤，老師和學生也都應該放棄「智力正常的孩子所取得的進步和其天賦能力有關」的迷信。

天賦與習得

在教育中所犯的各種錯誤裡，最離譜的就是相信遺傳會限制孩子們的發展。它讓老師和家長有機會為自己的錯誤開脫，減輕自己的責任，而且不必為自己對孩子所造成的影響負責。我們應該對這類想逃避責任的企圖加以反駁。如果從事教育的人把性格和智力的發展全部歸之於遺傳，那麼教育也就沒有什麼意義了。老師和父母如果能夠影響到孩子，就不能將遺傳做為藉口來逃避教育孩子的責任。

在這裡，我說的遺傳並沒有包括器官缺陷的遺傳。器官缺陷的遺傳是無可爭辯的。我相信，只有在個體心理學裡，這種遺傳問題對於心理發展的重要性才能被理解。身體缺陷的孩子肯定會受到一定的限制，所以他們的想法也會有所顧慮，導致限制了自己的發展。因此，假如一個孩子蒙受器官缺陷之苦，我們應該告訴他，他的身體缺陷並不會影響他的智力和能力的發展。在前面的篇章，我們已經說過，同樣是身體缺陷，可能會刺激個體付出更多努力來獲取成功，也可能成為障礙，阻礙個體的發展。

最初，當我發表這個結論時，有很多人都不以為然，批評我是沒有任何科學依據。然而，我的結論卻是從我的經驗中提煉出來的，能證實此觀點的證據也越來越多。現在，有許多精神病學家和心理學家也逐漸認同這一看法，那些認為性格的形成完全取決於遺傳的觀點應該被稱為迷信。這種迷信已經存在幾千年了。當人們想要逃避責任，並對人類行為採取宿命論的觀點時，性格特徵是來自遺傳的理論便自然而然地出現。遺傳論的觀點認為人們的性格在出生時就已經決定了，也就是人之初「性本善」或「性本惡」的想法。這種說法顯然是站不住腳的，只不過是人們逃避責任的一種藉口而已。

「善」與「惡」像其他性格等徵一樣，都是在特定環境下才會有意義，都是相對而言的。它們是人們在社會環境中與外界相互切磋磨合所得的結果，它們蘊含了一種判斷——即「為他人著想」還是「只為自己著想」。在孩子出生之前，他並未接觸這樣的社會環境。出生之後，他便擁有了朝向任何一個方向發展的潛力。他所選擇的途徑取決於他從周圍環境和從自己身體所獲取的感知和印象，以及他對這些感知和印象的解釋。總的來說，選擇「善」還是「惡」，取決於他所受的教育。

這與智力的遺傳是一樣道理，儘管這方面的證據還不是非常明顯。智力發展中的最大因素就是興趣。我們已經看到能夠阻礙興趣的不是遺傳，而是喪失勇氣以及對失敗的恐懼。毫無疑問，大腦結構在某種程度上是遺傳的，但是大腦只是工具，而不是心智的起源。而且，如果缺陷還沒有嚴重到我們目前的知識無法修補的地步，大腦就可以通過訓練來補償其缺陷。在每一種非同一般的能力背後，我們所發現的，不是異乎尋常的遺傳，而是持久的興趣和訓練。

即便我們發現很多家庭為社會提供了不止一代才華洋溢的成員，我們都不應該認為這是遺傳的結果。我們寧可認為，是家中某個成員的成功對其他成員造成一種激勵，而且是家庭傳統使得孩子們可以追隨自己的興趣，通過練習和實踐來訓練自己。因此，例如，當我們聽說偉大的化學家李比希是藥店老闆的兒子時，我們就無需想像他在化學方面的能力是遺傳得來的。如果我們知道，他所處的環境允許他追求他的興趣，這就足夠了。在絕大多數孩子對化學還一無所知的年齡時，他就已經對這門學科的大部分內容相當熟悉了。

莫札特的父母對音樂很感興趣，但是莫札特的天分並不是遺傳得來的。他的父母希望他對音樂感興趣，並給予他每一個鼓勵。從嬰兒期開始，他的整個環境就圍繞著音樂。我們通常在傑出人士中發現「早期開始」

這個事實：他們在四歲時就彈奏鋼琴，或者在他們還很小的時候，就為家裡的其他成員寫故事。他們的興趣長久而且持續。他們的訓練自然而又廣泛。他們保持自己的勇氣，既不猶豫，也不後退。

假如教師自己相信孩子的發展有先天的限制，那麼他便無法成功地消除孩子為自己的發展所訂下的限制。對於老師來說，告訴孩子「你沒有數學天分」可能會更簡單一點，可是，這樣做只會讓孩子失去信心。我自己就有這樣的經驗。我在念書時，有好幾年都是班上的數學低能兒，我也十分相信我完全缺乏數學才能。很幸運的是，有一天，我竟然出乎意料地發現自己成功地解開了一道老師給的數學題！這次成功改變了我對數學的整個態度。以往，我的興趣完全沒有放在這門功課上，現在，我開始以數學為樂，並利用每個機會來增強我的數學能力。結果，我成了學校裡數學最好的學生之一。我認為，這個經驗幫助我看清了特殊才能或者天生有才理論的謬誤。

即便在人數很多的班級裡，我也能觀察出孩子之間的差異。假如我了解了他們的性格，要比他們仍是混亂的全體，更能掌握他們。然而，人多的班級當然也是不利的。有些孩子的問題被隱藏了起來，教師很難適當地予以處理。教師應該確切了解所有的學生，否則他就無法培養出興趣和合作精神。如果孩子們在幾年內都跟隨同一個教師，我想這是巨大的幫助。在某些學校，每個學期就更換教師。這樣一來，老師沒有和學生打成一片的機會，也無法看出他們的問題或追蹤他們的發展。如果一位教師能夠同一群孩子待在一起三、四年，他就更容易發現並改正孩子生命風格中的錯誤，將班級打造成一個合作型的群體也會更容易。

讓孩子跳級並不是一個明智的選擇。通常他會背負上無法實現的期望，因而覺得壓力沉重。假如某個孩子年齡比其他同學大，或者他發育得比班上其他孩子快，我們就可以考慮讓他升級。然而，假使班級正如我們所提倡的那樣，成了一個團結的群體，那其中一個孩子的成功對於其他人都是很有利的。班上只要有一個非常優秀的學生，那整個班級的進步就會加速進行。而將這樣一個能夠激勵其他人的學生調離，對其他學生來說是很不公平的。我寧願建議，一個天資聰穎的學生除了完成班級的正常任務之外，還應該讓他參與其他活動，培養其他興趣——比如繪畫等。他在這些活動中的成功也會擴大其他孩子的興趣，並鼓勵他們向前進。

假如孩子留級重讀，情況就更為不妙。通常，留級的學生不管在家庭或是在學校都是個問題。當然他們不是全部如此，只有少數留級生不會造成任何問題。但是，大多數的留級生依然會落後於他人，而且惹麻煩。他們的同學對他們都沒有好印象，他們對自己的能力也抱著悲觀的看法。這是一個棘手的問題，就我們現在的教育體系來說，要規避一些學生留級的情況並不容易。有些教師利用假期來訓練落後的孩子，讓他們意識到自己生命風格中的錯誤，使他們不必再留級重讀。當他們認識到自己的錯誤後，這些孩子會在下個學期一點點地進步。事實上，這也是我們能夠幫助落後學生的唯一方法，只有讓他看清自己在估算自身能力時所犯的錯誤，才能讓他從自卑中解脫出來，通過自己的努力取得進步。

每當我看到學校將孩子分為高、中、低等，並編入前、後段班級中之時，我都會注意到一個突出的問題，雖然我的經驗主要是來自歐洲的一些學校，也不知道這樣的觀察結果是否也適用於美國的學校。在後段班，我發現都是那些智力發育不完善的學生和來自貧困家庭的學生。在前段班中，我發現大部分的孩子都來自富裕家庭。這樣的事實似乎合情合理。貧困家庭的孩子在受教育方面確實沒有做好充分準備，他們的父母每天要面對太多的困難，沒有足夠的時間來教養孩子，甚至他們自己的教育程度也不高，不足以幫助自己的孩子。

但是，我認為把對上學準備不足的孩子放入程度較差的班級裡是不對的。受過良好訓練的老師應該知道如何矯正他們的準備不足，假如讓他們與準備良好的孩子相處，他們必然會獲益良多。如果將他們放進後段班，他們將來會如何，這我們可以料想得知，而前段班的孩子也心知肚明，並且會瞧不起後段班的孩子。於是，後段班就成了孩子容易喪失勇氣和不再追求個人優越地位的沃土。

在原則上，男女同校應該得到所有支持。對男孩和女孩而言，這是更好地了解彼此，以及學會與異性合作的絕妙方法。然而，那些認為男女同校會解決所有問題的人，犯了一個巨大的錯誤。男女同校提出了一個特殊之處，除非這個特殊之處得到認識，並被當做是一個問題來處理，否則兩性間的距離，會因男女同校變得更大。

比方說，其中一個問題就是十六歲之前，女孩子的發育要比男孩子快。如果男孩子不明白這一點，那對他們來說就很難維持自己的自尊。他們認為自己被女生遠遠地拋在後面，並因此心灰意冷。在以後的生活中，他們就會害怕與異性競爭，因為他們將這種挫敗銘記於心。贊成男女同校並了解問題所在的老師，能夠利用這種制度做成許多事情，但是假如他不完全贊同它，或是對它不感興趣，他便註定要遭受失敗。

另外一個問題就是，除非孩子得到了正確的教育和監督，否則就會出現性的問題。在學校中，性教育是一個非常複雜的問題。教室並不是進行性教育的適當場所，假如老師是當著全班人的面講述這些知識，他根本無從知道是否每個學生的了解都正確無誤。而且，他也許不知道孩子是否準備好接收這些信息，也不知道孩子是否懂得怎樣在生活中應付這些問題，就引發了孩子在這方面的興趣。當然，如果一名孩子想知道更多，私下裡問問題，教師就應該給他真實、明確的答案。而教師也就有機會判斷，這個孩子真正想知道什麼，並將他引向正途。然而，如果班級總是不斷地討論性的問題，那麼這肯定是不利的。一些孩子必定會產生誤解，認為性是無關緊要的。這並沒有好處。

區分孩子的性格

對於那些在理解孩子方面接受過訓練的人，想分辨不同的性格和生命風格是非常簡單的。孩子合作的程度能夠從他們的態度中看出來：他們聽和看時採用的方式，他們與其他孩子所保持的距離，他們在交朋友時的從容程度，他們集中注意力的能力。假如他老是忘記做功課，或丟掉書本，我們可以猜想他們對學習不感興趣。我們必須找出他們討厭學習的原因。假如他不參加其他孩子的遊戲，我們可以看出他的孤獨感和他對自己的興趣。如果他們在學習的時候常常尋求別人的幫助，我們可以看出這個孩子缺乏獨立性，而且渴望得到他人的支援。

一些孩子只有在得到表揚和認可的時候才會學習。很多嬌生慣養的孩子只要老師足夠關心他們，他們的成績就會非常優秀。如果他們失去了這種特殊關照的地位，麻煩就會接踵而來。除非有人關心，否則他們就不能正常工作。如果沒人看著他們，他們就會失去興趣。對於這樣的孩子，常常會在數學上面臨很大的困難。如果只要求他們記住一些公式或者定理時，他們會毫無困難地說出來，但是一旦需要他們獨自解題，他們就會手足無措。

這也許看起來是個小問題。始終要求別人支持和關注的孩子，給我們的正常生活帶來了巨大的危險。如果他的態度仍然不變，那麼他會在成年生活中繼續需要和要求別人的支援。當他面對問題時，他會以迫使別人幫他解決問題的行為做出反應。他終其一生都不會對別人的幸福有所奉獻，而是盡可能成為同伴的永久負擔。

另外還有一種孩子，他們也一直想要成為眾人關注的焦點。如果不能處於這個位置，他們就會不擇手段地獲取這個位置，惡作劇、擾亂課堂、帶領其他孩子與老師作對，成為一個徹頭徹尾的麻煩人物。苛責和體罰對他們不會有任何影響。他們只會樂在其中，他們寧願挨打也不願被忽視，他們所獲取的關注似乎足以補償他們不好的行為給他們帶來的不愉快。很多孩子只是將體罰看做一種個人挑戰，他們把它看做是一場比賽或遊戲，看看誰撐得最久。結果他們總是贏家，因為主動權掌握在他們自己手中。所以有些喜歡和老師或父母作對的孩人，在受到懲罰時，不但不哭，反倒會笑。

懶惰的孩子——除非他的懶惰是對父母和老師的直接攻擊——通常還是一個害怕失敗的雄心壯志者。每個人對成功的理解都不盡相同，但有時候當我們發現孩子把什麼當做失敗時，還是非常驚訝。有許多人如果自己不領先別人，就會認為自己失敗了。如果有人比他們做得更好，即使他們成功了，他們也會認為是失敗。懶惰的孩子從未體驗到失敗的真正感覺，因為他從不面對考驗。他回避眼前的問題，也不肯輕易和人一較短長。別人多多少少都認為，如果少些懶惰，他就能應對種種問題。他在那個幸福的國度裡避難，「只要我去嘗試，我就能做任何事。」當他失敗了，他也會以此自我解嘲，並對自己說：「我只是懶，不是無能。」

有時候，老師也會對懶惰學生說：「假如你更努力一點，你就會變成班上最好的學生。」如果他們能夠什麼都不做就得到這樣的讚譽，那他們為何還要冒著失敗的危險去努力呢？很可能如果他不再懶惰時，人家便不會再以為他是懷才不露了。最好還是用實際的成就來評定孩子，而不是去假設他們所要獲取的成功。懶惰孩子得到的另一種好處就是，即便付出最少的努力，他們也能獲得別人的表揚。別人看到他好像有洗心革面的意思，便急著想刺激他痛改前非，而勤勞的孩子在付出同樣多的努力時根本就不會引人注意。這樣一來，懶惰的孩子就以這種方式生活在別人的期待裡。他們都是一些被嬌生慣養的孩子，從嬰兒時期起，他便學會不管什麼事都要期待別人幫他完成。

另外還有一類很普遍也很容易辨識的孩子，就是喜歡在同伴中起帶頭作用的兒童。人類真的很需要領導者，但是我們所需要的是能夠顧全大多數人利益的領導人，這樣的人很罕見。大多數擔任領導角色的孩子只是對統治和掌控他人感興趣，只有在這種情況下，他們才肯參加同伴的活動。因此，這樣的孩子的未來並不是一片光明。在以後的生活中，他們肯定會遇到很多困難。通常，這樣的兩個人在婚姻、事業或者社交場合中遇到時，不是造就一場悲劇，就是鬧出一場笑話。雙方都想要尋求掌控另一方的機會，並建立起自己的優越性。有時，家裡的長輩會以看到被寵壞的孩子肆意指使別人為樂，他們會對他們的所作所為開懷大笑，並鼓勵他們繼續。然而，老師很快就能夠發現，這種性格培養方式對於孩子適應社會生活沒有一點好處。

這世上很顯然存在許多不同類型的孩子，將他們劃分成固定的類型，並不是我們的初衷。我們希望阻止明顯往失敗和困難方向的發展：這些發展在童年時期相對容易糾正或者阻止，如果它們沒有得到糾正，這些人格發展對成年期生活所造成的後果不僅嚴重，而且有害。兒時的錯誤和成年後的失敗之間有著直接的聯繫。在極端的案例中，完全沒有學會合作的孩子在以後的生活中也許會患上精神質、酗酒、犯罪或者自殺。

做為一個孩子，焦慮性神經質的症狀表現是怕黑、害怕陌生人，或者害怕面對新環境。而患憂鬱症的小孩往往愛哭鬧。在當今社會，我們無法期望接近每一位父母，幫助他們糾正孩子的錯誤。尤其是那些需要得到忠告卻不肯接受意見的父母。然而，我們可以透過老師來完成這個工作，讓老師來接近學生，糾正他們已經形成的錯誤，讓他們成為獨立、具有勇氣、合作精神和積極向上的人。這對於人類未來的幸福是最強大的保證。

諮詢委員會的任務

大約十五年前，我秉承接觸老師和建立一個學校諮詢服務專案的目的，提倡成立個體心理學中的諮詢委員會，這在維也納和其他的很多歐洲城市中都被證明非常有價值。有遠大的理想和希望自然是件好事，但是除非找到實現它們的方法，否則理想只能是空談。在積累了十五年的經驗之後，我敢說諮詢委員會已經取得了圓滿的成功，它是處理兒童問題並把兒童教育成健全個人的最佳途徑。當然，我相信如果諮詢委員會以個體心理學為基礎的話，它會更為成功，但是我也看不出來有什麼理由要反對委員會與其他學派的心理學家一同合作。其實，我常提議說，諮詢委員會應該建立在不同學派相結合的基礎上，然後再比較哪個學派更為適合。

在諮詢委員會的籌備過程中，應該有一個訓練有素的心理學家，對於老師、父母和孩子所面臨的問題要有所經驗，然後聯合學校的老師，與他們討論在教學中所遇到的問題。當他造訪學校的時候，老師應該向他描述學生的情況以及學生所遇到的問題：懶惰、好爭論、蹺課、偷竊，或者學業落後。心理學家應該分享自己的經驗，與老師進行討論。孩子的家庭生活、性格發展以及第一次出現這種問題時的情況都應被加以描述，然後老師和心理學家應該討論引發問題的可能原因，和處理它的方法。由於他們都有豐富的經驗，所以很快就能商量出一個意見統一的解決方法。

在心理學家到校的那天，孩子和他們的父母都應在現場。當心理學家和老師決定好了與家長交流的最佳方式以及如何影響家長、如何向他們講述孩子失敗的原因之後，就請家長進來。家長會提供更多的資訊，然後就開始心理學家與家長之間的討論，在此之中，心理學家應該向家長提出建議，應該做何舉措來幫助孩子。通常情況下，家長都會非常高興能有機會向心理學家諮商，也很願意配合。但是如果家長拒絕諮商，心理學家或者老師可以討論一些相似的案例，從這些案例中找到能夠應用於被討論的孩子身上的辦法。

然後孩子進入房間，心理學家跟他談當前的問題，而不是自身的錯誤。他尋找妨礙孩子良好發展的看法和判斷，以及他不注意而別人很重視的信念等等。他不責備孩子，而是與他進行友好交談，帶給他另一種觀點。如果他提到實際的錯誤，他會用一種假設的方式，並徵求孩子的意見。對沒有這種工作經驗的人而言，看到孩子的理解多麼充分，他的整個態度改變得多麼迅速，一定會感到驚訝。

我在這方面培訓過的所有老師都很開心能夠參與進來，而且無論如何都不會放棄這種方法。這種方法使得他們的整個工作都更有意思，而他們所有的努力都會更加成功。沒人會覺得這是一種額外的負擔，通常，只需半個小時或者更短的時間，他們就能解決困擾了他人很多年的問題。合作精神在整個學校都得到了更高的重視，不久之後，大問題便不復存在，而小問題都能得到解決。老師自己也成了心理學家。他們學會了去理解性格的整體性，以及其每個方面和每一種表達方式的一致性。如果問題再度發生，他們也能自己解決。其實，我們希望所有的老師都能得到心理學方面的培訓，這樣就不再需要心理學家了。

例如，班上有了懶惰的孩子，老師就應該建議孩子展開一場關於懶惰的討論。他以提問引導討論：「懶惰是怎麼來的？」「它的目的是什麼？」「為什麼懶惰的孩子不改變？」孩子們會積極發言，並得出一個結論。懶惰的孩子自己並不知道他就是這次討論的原因，但這是一個屬於他自己的問題，所以他會對此感興趣，並從討論中學到很多。如果只是一味指責他們，那他們什麼都學不到。但是如果懶惰的孩子能夠傾聽一場冷靜的討論會，他們就會思考這個問題，然後改變自己的觀點。

沒有人能像生活起居都和孩子們在一起的老師那樣，清楚地了解孩子們的心靈。他們見過如此多的學生，如果他們掌握了技巧，他們還可以與其中一個學生建立友誼。孩子的早期錯誤是一直持續還是得以糾正，這都取決於老師。老師就像父母親，守護著人類的未來，他們所能做的貢獻是無法計量的。

第八章
青春期

青春期有許多行為都是想要展示自己的獨立性，孩子們想要表明自己與大人是平等的，自己已經成年了。這些表現的方向取決於孩子對於「長大」這個概念的理解。

什麼是青春期

有關青春期的書，可以堆滿一整個圖書館，幾乎所有這類的書都把青春期視為一種危機，威脅著個體的整個性格轉變。在青春期中固然有許多危險，但是說這些危險會改變一個人的性格是不正確的。青春期把正在成長中的孩子帶入新的情境和新的歷練，他會覺得自己正在朝著生活的前線出發。在他的生命風格中一直未被觀察到的錯誤會開始顯現出來，當它們出現時，經驗豐富的人總可以發現到它們。隨著青春期的到來，這些問題會越來越突出，人們再也不能忽視它們。

—心理特徵—

對每個孩子而言，青春期中最重要的一件事情就是他必須證明他已經不再是個孩子了。我們可以告訴他，這件事情無可厚非。假如我們可以做到這點，就能將來自這個問題的緊張氣氛消除許多。但是如果他覺得一定要證明自己的成熟，就會不可避免地過度強調這一點。

青春期有許多行為都是想要展示自己的獨立性，孩子們想要表明自己與大人是平等的，自己已經成年了。這些表現的方向取決於孩子對於「長大」這個概念的理解。假如「長大」意味著擺脫束縛，孩子就會開始反抗各種拘束。有些孩子在這段時間開始學抽菸、說髒話或深夜不歸。其中的一些孩子會出乎意料地跟父母作對，而父母在發現一向聽話的孩子突然變得如此桀驁不馴，也會不知所措。表面上看似聽話的孩子站在了父母的對立面，實際上是他現在有了更多的自由和力量，他才敢公開反對父母。一個總受父親威嚇的男孩，表面上顯得安靜、順從，但卻在等待報仇的機會。一旦他覺得自己足夠強大，他就會向父親挑戰，毆打父親，然後離家出走。

通常，孩子在青春期可以得到更多的自由和獨立。父母親不再覺得自己有監護他的權利。假如父母親還想繼續監督他，他必定會更努力地脫離他們的控制。父母親越是想證明他還是個小孩子，他越是反其道而行。這樣的掙扎中必定會產生叛逆心理，結果便構成了典型的「青春期叛逆」。

─生理特徵─

我們無法對青春期進行嚴格的界定。它通常是從十四歲到二十歲；但有時孩子在十歲或者十一歲就已經進入了青春期。所有的身體器官都在這個時候發育生長，有時候，各器官的功能在這段期間不容易協調一致。孩子長得更高，手腳長得更大，也許它們還不夠靈活。他們需要訓練這類器官的協調合作。但是如果在這個過程中，他們受到嘲笑和批評，他們就會逐漸認為自己笨手笨腳。如果孩子的行為受到嘲笑，他就會變得笨拙。

內分泌腺也會對孩子的發展產生影響。在青春期，內分泌腺的運作會更加活躍。然而這並不是從無到有的全然改變——內分泌腺在出生之前便已經開始工作了——但是現在它們的分泌增多，第二性徵也更為明顯。男孩會開始長鬍子，聲音也變得粗啞。女孩的體形逐漸豐滿，女性特質也更加明顯。這些都是常常使青春期的孩子感到疑惑不安的事情。

青春期的掙扎

有時候，對成年生活準備不足的孩子，在面對職業、社交、愛情和婚姻等問題迫近時，就會覺得自己陷入恐慌之中。他失去了有能力應對它們的所有希望。對於社會，他靦腆、冷淡，孤立自己，待在家裡。對於職業，他找不到吸引他的任何工作，認為自己一事無成。對於愛情和婚姻，他感到害羞，害怕遇到異性。假使異性和他說話，他就面紅耳赤，找不到回答的話語。每天他都處在深深的絕望中。最終，他會對所有生活問題感到厭煩，沒有人能再了解他。他不注意別人，不和他們說話，也不聽他們的話。他不工作，也不學習，總是沉浸在幻想中，只剩下一些低劣的性活動。這就是被稱為「早發失智症」的精神病症。但是這種精神病症其實只是一種錯誤而已。如果能夠鼓勵這種孩子，證明他不是走在正確的道路上，給他指出更好的路，他就會痊癒。這並不容易，因為整個生活及其訓練都必須得到糾正。過去、現在和未來的意義都必須以科學的眼光審視，而非以個人的想法去理解。

所有青春期的危險，都是由於孩子在應對人生三大問題上，缺乏適當的訓練和準備所造成的。如果孩子對未來充滿恐懼和悲觀情緒，他肯定會選擇比較容易的方法來應付。然而，這些簡單的方法卻是沒有用的方法。如果孩子受到批評、壓力、警告，他就會更加害怕前進。我們愈推他向前，他會愈往後退縮。除非我們能夠激發他的勇氣，否則我們為了幫助他所付出的所有努力都將是個錯誤，甚至還會進一步傷害到他。既然他是如此的悲觀和膽小，我們就不能期待他能夠付出額外的努力。

—留戀童年—

我們發現有一些孩子在剛步入青春期時會希望自己留在兒童時代，永遠不要長大。他們甚至用兒語說話，和比他們小的孩子一起玩耍，甚至裝得像嬰孩般做出一些幼稚的行為。但是，絕大多數的人都還是想讓自己更像成人。如果他們並不是真的有勇氣面對，他們就會做出一系列的模仿成年人的可笑舉動：男孩子會模仿他們心目中男人的行為，毫不在乎地花錢，開始與女孩子調情，與她們談戀愛或者發生性關係。

一 小型犯罪 一

在某些棘手的個案中，常常會發現一些孩子還沒有具備處理生活問題的能力時，便迫不及待地開始胡作非為，於是從此開始了犯罪生涯。可能是因為他們在少年時候做過一些壞事，沒有被發現，他們就會自認為很聰明，能夠再次逃過別人的眼睛，這樣一來，犯罪就極有可能發生。犯罪是逃避生活問題的簡單方式之一，特別是在面對經濟問題的情況時。因此，十四歲至二十歲之間的少年犯罪，有急劇增加的趨勢。在此，我們看到的並不是一個新的問題，而是在兒童時期就開始累積起來的，並在青春期較大的壓力下迸發出來。

在那些不夠積極外向的孩子之中，逃避問題的簡單方法就是精神官能症。很多孩子都是在青春期開始患上官能性疾病和精神失常。每一種神經質病徵的出現都是為了給不想解決問題提供一個正當的理由，而且還不用降低個人的優越感。神經質病徵出現在個人遭遇社會問題之時，他們還沒有準備好用社會性的方式來面對這些問題。這種困難會造成高度的緊張。在青春期，身體對於這種緊張感的反應尤其靈敏，所有的器官都會受到刺激，全部的神經系統也都會受其影響。但是這又可以為自己的猶疑和失敗找到另一個藉口。在這類個案中，個人不管是私下還是在他人面前，都會因為他的病痛，而認為自己可以不必承擔任何責任，而精神官能症的結構也就此完成。

每一個神經質患者都表現了最誠摯的意願，他知道社群情懷的必要性，也知道勇於面對生活困難的重要性。只有在面對自身問題時，他才會看不清這種普遍的要求，認為自己是個特殊的例外。是神經病本身在為他開脱。他的整個態度是：「我急於解決所有問題，但遺憾的是，我的病卻讓我無能為力。」在這一點上，他和罪犯不同，後者經常是毫無顧忌地表現出他的不良意願，他的社群情懷也麻木不仁。我們很難決定他們中哪一個人對人類利益的損害比較大。神經質患者的動機固然良好，但是與這些良好動機分離的行為似乎不懷好意、自高自大，有意要妨礙同伴的合作；而罪犯會公開表現自己的敵意，而且會煞費苦心地消除自己身上殘存的一點社群情懷。

——與預期相矛盾——

青春期的許多失敗者都是嬌生慣養的孩子。對習慣於事事都由父母張羅的孩子而言，成人的責任對他們是一種特別的壓力，這一點很容易看清楚。他們依然希望得到寵愛，但是當他們長大後，他們發現自己已不再是關注的中心了。因此，他們責怪生活欺騙並辜負了他們。他們在人工溫室裡成長，而外面的空氣異常寒冷。這時，我們會發現他明顯在前進的道路上開倒車。

這一類的孩子大多數會在學習和工作中開始面臨失敗，而那些以前看起來天賦較低的孩子卻開始迎頭趕上，並展露一些意想不到的才能。這與之前的表現並不衝突。也許那些一直非常受人重視的孩子，開始擔心自己會讓那些對自己抱有厚望的人失望，這是一個他們長久以來背負的包袱。只要有人支持他們、欣賞他們，他們就會不斷前進。但是，隨著時間的流逝，當他們需要獨自前行之時，他們就會失去勇氣，甚至退卻。

而其他人則會被這種新的自由所激勵，他們清楚地看見，在他們面前有一條大道直通自己的抱負實現之地；他們充滿了新的想法和新的計畫，他們的創造性比較強，他們對於人類生活方方面面的興趣變得越來越清晰、越來越熱情。這些孩子一直都保存著自己的勇氣，而且對他們來說，獨立沒什麼大不了，並沒有意味著失敗的風險，而是擁有更多成功和奉獻的機會。

—— 尋求讚揚和認可 ——

以前一直覺得受人輕視、忽略的孩子，如今在與周圍的人建立起更好的關係之後，他們便開始希望自己至少能夠得到他人的賞識。其中有很大一部分人特別渴望得到欣賞。對於男孩子來說，將太多的注意力放在尋求讚揚上是非常危險的。很多女孩子甚至會更加缺乏自信，她們會把別人的認可和欣賞視為證明自身價值的唯一途徑。這樣的女孩子非常容易被那些知道怎樣去恭維她們的男人欺騙。我常常發現，有些女孩子覺得自己在家中不受欣賞，便開始和男人發生性行為，這不僅是為了要證明她們長大了，而且還因為她們希望以這種方式，最終獲得被欣賞並成為關注中心的位置。

我們來看一個例子。有一個出身貧寒的十五歲的女孩子，她有一個哥哥從小體弱多病，母親因此在哥哥身上投入大量的關愛，也就無法給這個女孩太多的關注。此外，在她幼年時期，她的父親也臥病在床，他的病更占去了母親原應花費在她身上的時間。

因此，這個女孩非常渴望獲得關愛，但在家裡她得不到這樣的愛。後來妹妹出生了，而爸爸的病此時也痊癒了，於是母親便能空出時間來照顧小嬰兒。因此，這個女孩覺得自己是家裡唯一一個得不到父母關愛的孩子。但她是一個不屈不撓的人，在家裡她是個乖孩子，在學校也總是表現最好的學生。由於她在學業上的成功，父母決定讓她繼續升學，把她送到了一所高中。這裡的老師對她不了解，而她也不能理解新學校的教學方式，她的學習成績開始下降，老師的批評讓她越來越氣餒。她太渴望得到別人的認可。她發現無論在家裡還是在學校，都得不到認可，那還剩下什麼呢？

她到處尋找欣賞她的男人。幾次嘗試之後，她終於離家出走了，和一個男人待了兩週。家人非常擔心她，到處找她。結果發生了什麼事，也是我們所能預料的。不久之後，她發現自己仍然得不到欣賞，開始後悔所做的事。自殺是她的第二個念頭，她送了一張便條回家，裡面寫著：「不要擔心，我已經服了毒藥，我非常快樂。」其實，她並沒有服下毒藥，而且我們也知道其中的原因。她知道，她的父母其實是關心她的，她也感覺自己還能獲取他們的同情。所以，她並沒有自殺，而是等著母親來找她，帶她回家。如果這個女孩知道，她所做的一切都是為了能夠得到別人的認可，那所有的這一切都不會發生。如果高中的那個老師能夠理解她，這些問題也都不會出現。過去，這個女孩的成績一直很優秀，如果這個老師注意到這個女孩在這一點上非常敏感，只要對她稍加注意，她也許就不會如此氣餒了。

在另一個案例中，這個女孩的父母性格都比較軟弱。她的母親一直都想要個兒子，因此對於生的是個女兒非常失望。母親一直都看不起女性，而女兒也肯定會感受到這一點。她不止一次在無意中聽到母親跟父親說：「這孩子長得一點都不好看，她長大以後肯定沒人喜歡她。」或者「等她再長大一點，我們該怎麼辦呢？」在這種不良的氣氛下生活了十幾年之後，她看到了母親的朋友寄來的一封信，信中為母親只有一個女兒而寬慰她，說她還年輕，有的是時間生個兒子。

我們可以想像這個女孩會做何感想。幾個月後，她去鄉下拜訪了一位叔叔。她在那兒遇到了一個智商較低的男孩，並成了他的情人。後來他離開了她，但是她依然對他一往情深。當我看到她時，她的情人名單已經有一長串了，可是她在戀愛中並沒有感覺到被人欣賞。她來我這裡是因為她患上了焦慮性神經症，無法單獨出門。當她對獲取別人欣賞的某種方式不滿意時，她就會嘗試另外一種。她開始利用自己的痛苦在家裡橫行霸道，沒有她的允許，所有事情都不能做。她還不停地哭，揚言要自殺。我們很難讓這個女孩看清自己的位置，並讓她相信，自己在青春期過分重視尋找逃避不被欣賞的感覺了。

性意識的萌芽

無論是男孩還是女孩，都對他們青春期的性關係過於看重和誇張，他們急切想要證明自己已經長大了，結果卻矯枉過正。比如，一個女孩子相信自己一直受到母親的壓迫而意圖反抗，她就很可能任意和她遇上的男人發生性關係。她並不擔心母親是否已經知曉一切，實際上，如果母親為此而焦慮，她也許會更加開心。因此，我經常發現，有些女孩子，在與父母親爭吵之後，便離家和她遇見的第一個男人發生關係是很常見的。這些女孩子都一直被認為是好孩子，有良好的家教，也似乎是最不可能出現這種行為的人。但是，這些女孩並不會感到愧疚。她們對於生活還沒有完全準備好。她們感覺自己受到了忽視，產生自卑感，而性似乎是擺在她們面前的唯一一條擁有更強大地位的道路。

—男性傾慕—

有許多在家被溺愛的女孩子發現自己很難適應自己的女性角色。我們的文化也一直給人以男性優於女性的印象，因此，這些女孩便不想做女人。現在，她們表露出了我所謂的「男性傾慕」傾向。男性傾慕可以表現在許多不同的行為裡。有時候，我們看到的是她討厭男性或者躲避男性。有時候，雖然她喜歡男人，可是和男人在一起時卻又覺得尷尬，不敢與之交談，不願意參加有男性在場的聚會，而且在性問題上會非常不自在。通常，當她年齡大了之後，雖然口裡都說自己也想結婚，可是卻不敢接近男人，而無法與他們交朋友。

有時，對女性角色的厭惡會在青春期時表現得更加明顯。女孩子常常會比之前更加男孩子氣，一直都在努力模仿男孩子，尤其是他們的作風：抽菸、喝酒、罵髒話、成群結黨，而且還常常表現出自己的性開放作風。她們對自己行為的解釋通常是，如果不這麼做，男孩子就不會對她們感興趣了。只要對女性角色的討厭進一步加深，我們就會發現同性戀或者其他性倒錯以及賣淫行為。所有的賣淫者自幼就堅信沒人喜歡她們，她們認為自己打從出生就是一個卑微存在的角色，永遠都不可能贏得男性真正的感情和關愛。在這種情況下，我們能夠理解她們是怎樣一步步把自己拋棄，輕視自己的性別，只將其看做是一種賺錢的工具。對女性角色的不喜歡並非起源於青春期。我們甚至能在很小年紀的女孩子身上發現這種不喜歡，只是在兒童時代，她沒有表現出這種厭惡的需要和機會罷了。

不是只有女孩子才會出現這種「男性傾慕」的傾向，所有高估男性重要性的孩子都會將男子氣概視為一種理想，而且都會懷疑自己是否足以獲得男子氣概。這樣一來，在我們的文化中，對男子氣概的強調使得男孩子也會和女孩子一樣覺得男子氣概遙不可及，尤其是當他們對自己的性別角色不是非常有信心的時候。很多孩子都會遭遇一段懵懂時期，有時會持續好幾年地以為自己的性別會在不經意間發生改變。所以有一點非常重要，從兩歲開始，所有的孩子都應該非常確定自己是男孩還是女孩。

有時候，外表長得非常像女孩子的小男孩，也會有一段時間特別難熬。陌生人有時會搞錯他的性別，甚至家裡的朋友都會跟他說：「你真該是個女孩子。」這樣的孩子很有可能會把自己的外表看做是一種缺陷，並將愛情和婚姻的問題視為一次嚴峻的考驗。在青春期，那些對於自己所扮演的性別角色不是很有信心的男孩子都有一種模仿女孩的傾向。他們會表現得非常柔弱，模仿那些被過度縱容的女孩子，如搔首弄姿、裝腔作勢、任性蠻橫等等。

影響我們發展的那幾年

即使是對異性的態度，也是在人生的最初四、五年間打下基礎的。性衝動在新生兒出生的第一個星期就已經非常明顯了，但是在它能夠自己找到合適的發洩途徑之前，是沒有哪一種東西能激發它。如果性衝動沒有受到刺激，它的出現是自然之事，我們不必大驚小怪。比如，如果我們看見寶寶在一歲之前喜歡探究自己的身體並撫摸自己的身體，我們不應該擔心。但是我們應該利用我們的影響，去與孩子互動，減少孩子對自己身體的興趣，讓他們更多地關注周圍的世界。

如果這種自瀆的行為沒法停止，那就另當別論了。這時，我們就能確定這個孩子只關注自己：他並不是體內性衝動的受害者，而是有意利用它來達成自己的目的。通常來說，小孩子的目的就是贏得他人的關注。他知道自己的父母會擔心會害怕，而且他知道該怎麼利用父母的這些感受。因此，如果他的行為不再能夠吸引他人關注自己，他們就會放棄。

在與孩子有身體接觸的時候一定要小心。孩子與父母之間充滿感情的擁抱和親吻並沒有什麼不對，但前提是一定不能對孩子的生理反應造成不恰當的刺激。此外，常常有孩子和那些回憶起自己童年的成年人告訴我說，他們在父親的書架上發現色情書刊或者看到色情電影的時候，就會有那種感覺出現。最好還是不要讓孩子接觸到這類的書籍和電影。如果我們避免刺激他們，就不會發生問題了。

另一種形式的刺激，我們在前文中已經提到過，向孩子灌輸不必要和不合宜的性知識。很多成年人似乎有一種傳播性教育的熱情，他們生怕孩子長大後，在這方面仍然一無所知，從而發生危險。如果我們回顧自己和他人的經歷，我們將看不到像這些大人所預期的那種災難。最好還是等孩子自己產生好奇，並想要了解的時候，才跟他們傳輸這類的知識。如果家長留心觀察，即便孩子不開口詢問，他們也會發現孩子的好奇。如果孩子與父母的關係友好，他們會問，而家長傳輸給孩子的知識一定不能超出他們能夠理解吸收的範圍。

我還建議家長不要在孩子面前表現出過度親密的身體接觸。如果可能的話，不要讓孩子跟父母睡同一個臥室，更不要睡在同一張床。而且，最好不要讓女孩子與哥哥弟弟睡同一個房間。父母必須密切關注孩子的各項發展，不應該自欺欺人。如果對於孩子的性格和發展並不了解，他們就永遠都不會知道他們的孩子究竟受到了怎樣的影響。

正視青春期

對於人類發展的各個時期，都會被賦予各自特殊的意義，並被視為決定性的轉捩點，這很正常。比如，幾乎各地的人都相信，青春期是一段非常特殊而且奇怪的時期。更年期也是如此。但是，這些時期不會帶來根本性的改變，它們只是生命的一種持續方式，而其中出現的現象也不是非常重要的。重要的是個體想在這些階段找到什麼，他們賦予這些階段的意義，以及他們面對這些階段所使用的方式。

人們對青春期的到來常常會感到不安，彷彿是見了妖魔鬼怪一般。如果能夠正確理解這種反應，我們就會發現，孩子根本不用擔心青春期的生理變化，除了社會要求孩子的生命風格進行新的調整。然而問題通常是孩子認為青春期就意味著一切的終結，他們所有的價值和尊嚴都已失去。他們不再擁有權利去合作和奉獻，再也沒人需要他們了。所有青春期的問題都是源自這樣的感受和擔心。

如果孩子已經學會把自己當做是和社會上任何人平等的一分子，並了解他應該做的奉獻工作，尤其是他已經認識到男女平等，並將異性視為朋友，那青春期對他來說只不過是給了他一個契機，讓他能夠策畫出有創造性的方法，獨立解決成年生活中所遇到的問題。如果他覺得自己低人一等，如果他對自身條件有一個錯誤認知，他就無法做好準備去享受成年人的自由。如果總是有人強迫他做一些必須做的事情，他就能夠完成；可是如果讓他自己去做，他就會猶豫不前，最終失敗。這樣的孩子習慣了被奴役，在奴役之下他會表現良好，可是一旦到了自由的環境，他反而會不知所措。

第九章

犯罪及預防

沒有一個人能夠擁有完美的合作能力或者完美的社群情懷，罪犯與普通人的區別，在於罪犯的失敗只是程度較深的失敗而已。

犯罪心理

個體心理學能夠幫助我們了解各種不同類型的人，並理解人跟人之間雖然存在差異，但卻不是特別明顯。比如，我們發現罪犯和問題兒童、神經質患者、精神病患者、自殺者、酗酒者、性欲倒錯者的行為，會導致同一種類型的失敗。他們都沒有找到應對生活問題的正確方式，在一個非常明確而且顯著的領域中，他們的失敗驚人的相似。他們每一個人都缺乏社群情懷，對身旁的人漠不關心。然而，即使如此，我們也沒有理由將他們和其他人區分開來。沒有一個人能夠擁有完美的合作能力或者完美的社群情懷，罪犯與普通人的區別，在於罪犯的失敗只是程度較深的失敗而已。

人類對優越性的追求

要想了解罪犯，還有另外一點是很重要的，即他們與我們非常相似：我們都想要戰勝困難，我們都想努力完成未來一個目標，這樣的成就能夠讓我們覺得自己很強大、很優秀，而且很完整。杜威*教授把這種傾向稱為對「安全的追求」，這是非常正確的；還有人稱之為對「自保」的追求。但是，不管我們叫它什麼，在所有人的一生中，我們總會發現這個占據支配地位的主題——掙扎著要從卑下的地位升至優越的地位、從失敗到成功、從底層到上層。這種追求從一出生就開始了，一直持續到生命結束。因此，當我們在罪犯中也發現同樣的傾向時，我們不必驚訝。

在罪犯所有的行為和態度中，都顯示出他努力追求優越，解決問題，克服困難。讓他們與常人不同的不是他們的追求目標，而是他們所選擇的

*約翰・杜威（John Dewey，一八五九－一九五二年）是美國著名哲學家、教育家、心理學家。

方向。一旦我們看到，他採取這個方向，是因為他不了解社會生活的需求，不關心同伴，我們就會發現他的行為相當不明智。

—環境、遺傳和改變—

我想要著重強調這一點，因為有人不以為然。他們認為罪犯是異於常人，根本不是普通人。例如，一些科學家斷言所有的罪犯都是低能兒。其他科學家則著重強調遺傳，他們認為罪犯生來就邪惡，情不自禁地就會犯罪。然而，還有一些人堅持犯罪是由環境決定，是不可改變的，一旦犯了罪，就會繼續再犯下去。如今，大量的證據足以反對所有這些觀點。我們也應該意識到，如果我們接受了這些觀點，那犯罪問題就無從解決了。我們想要在自己的有生之年消除這種人類災難。我們從整個歷史中了解到，犯罪始終是個災難，但是現在我們渴望處理它。我們絕不可能擱置這個問題，只是無奈地說：「這都是遺傳的緣故，我們無能為力。」

無論是環境還是遺傳，都無法強迫一個人犯罪。來自同一個家庭、同一個環境的不同孩子也有可能會朝著完全不同的方向發展。有時候，有著無可挑剔聲譽的家庭，也會出現罪犯。有時候，在一個聲名狼籍的家庭，也能找到性格很好、行為端正的孩子。此外，許多犯罪心理學家都解釋不出為什麼有的罪犯在將近三十歲時，竟然會洗心革面，重新做人。如果犯罪癖好源自一種天生的缺陷，或者在其童年時期就已經不可逆轉地根深柢固了，那這樣的事實就無法解釋。但是，從我自己的觀點來看，我們對於理解這樣一種變化完全沒問題。也許是個體發現自己已經處於一種更加有利的環境之中，社會對他們的要求也減少了，所以他們生命風格中的錯誤也沒有再出現的必要。又或者是他們已經從罪行中獲得了自己所需的所有東西，所以就不再犯罪了。最後，也許是因為隨著年齡的增長，他們也逐漸不太適合犯罪生涯，他們的關節開始僵硬，不再像以前那樣靈活：偷竊對他們來說越來越困難了。

在我們打算進一步研究犯罪之前，我們要先澄清所謂「罪犯都是瘋子」的觀念。雖然有許多精神失常的人會犯罪，但是他們犯的罪卻屬於完全不同的類型。他們的犯罪是在完全不了解自己的情況下做的，我們並不認為他們應該對自己所犯的罪負責。同樣的，我們也應該撇開心智低能的罪犯，他們其實只是背後主謀的一件工具而已。他們給心智低能者提供了美好的願望，並激起了他們的衝動，讓他們代替自己去執行犯罪計畫，並承擔受懲罰的危險。有些經驗老到的慣犯就是這樣唆使年輕人犯罪的。

現在，讓我們再回到我之前提到的那個主題：所有的罪犯——以及所有人——都在努力想要獲得勝利，想要坐上一個至高無上的位置。然而，這些目標又存在很多的種類，而我們發現，罪犯的目標也是在追求屬於他個人的優越感，只是他所追求的東西對社會來說一無是處，他也不與別人合作。社會需要各式各樣的成員——而我們也需要彼此——為公共利益做貢獻，並擁有合作的能力。但是，罪犯的目標並沒有給社會帶來益處，這一點在每個罪犯的犯罪生涯中體現得非常明顯。在之後的內容中，我們應該找出這一點是怎麼發生的。現在，我想要說清楚一點，如果我們想要理解罪犯，最主要的事情，就是了解他們合作失敗的程度和本質。

罪犯在合作能力上高低不一，一些人失敗得沒那麼嚴重，比如，有的罪犯只會犯一些小罪，有些人則會犯下滔天大罪。他們有些是主謀，有些只是小嘍囉。為了要了解犯罪的種種不同，我們必須更進一步地檢討個人的生命風格。

性格、生命風格和三大問題

個人典型的生命風格在很早便已建立；我們可以在四、五歲的時候發現其主要特徵。因此，我們不能認為要改變它是件容易的事。它是一個人自己的人格，只有了解他在建立它時所犯的錯誤，才能把它改變過來。因此，我們能夠開始理解很多罪犯，儘管被懲罰了很多次，也常常被羞辱、被鄙視，而且被剝奪我們社會所能提供的一切好東西，但他們仍然不會改變自己的行為方式，並成為累犯。

他們並不是因為經濟困難才犯罪的。當然，在經濟蕭條、人們負擔加重時，犯罪案件會直線上升。統計資料表明，有時犯罪數量的增加與小麥價格的漲幅是一致的。然而，這並不足以證明經濟困難會導致犯罪，它所能說明的是人們的行為是受到限制的。例如，他們的合作能力是有限度的，當觸及這個限度，他們就無法再貢獻自己的力量，而且會失去僅剩的一點合作能力，並訴諸犯罪。從另外的事實中我們也能發現，有很多處於順境的人並不會犯罪，但是當生活出現太多他們無法應付的問題時，這些人也會轉變為罪犯。此處，真正重要的是他們的生命風格和他們面對困難的方式。

從個體心理學的這些經驗中，我們可以得出一個結論：罪犯不會關心他人。他們只有有限的合作能力，超過這個限度時，他便走上犯罪一途。當問題對他來說太過困難而無法解決時，他的合作限度便崩潰了。如果我們思考每個人都必須面臨的生活問題，以及罪犯無法解決的問題，最後，我們將會發現：在我們的一生中，除了社會問題外，基本上不會遭遇其他問題，而如果我們不關心他人，那麼這些問題就不能獲得解決。

我們在第一章提到過，個體心理學教導我們把生活問題分為三大類。第一類是與別人的關係問題，也就是社交問題。罪犯有時候也會有朋友，但大多是跟他們同一類型的人。他們結成同夥，甚至互表忠心。但是我們在此也直接看到，他們是如何縮小自己的活動範圍的。他們不會和社會上的普通人交朋友，他們認為自己是邊緣人，不知道如何與他人自然相處。

第二類是與職業相關的所有問題。如果問罪犯這些問題，那麼他們之中的許多人都會回答：「你不了解工作環境的可怕。」他們發覺工作很可怕，他們不願像其他人一樣，與這些困難搏鬥。一個有用的職業意味著對他人感興趣，以及對他們的幸福有所奉獻；但這正是罪犯的人格中所缺少的東西。這種合作精神的缺乏很早就已出現，因此絕大多數罪犯都未準備好應對職業問題。絕大多數罪犯都是未受過訓練、沒有一技之長的人。如果你追溯他們的歷史，你就會發現他們在上學時，甚至上學前就已出現了阻礙，也沒有了興趣。他們從不學習合作。現在必須教會、訓練他們與人合作。因此，如果他們在面對職業問題之前就已經失敗了，我們也不能苛責他們。我們應該把他看做沒有學過地理的人參加地理測試一樣，他自然不知道答案，甚至交白卷。

第三類是所有與愛情有關的問題。在美好的愛情生活中，也需要雙方相互關心、相互配合。觀察發現，罪犯在被送進監獄或者少年感化院之前，有一半患有性病。這個現象顯示，他們想要一個解決愛情問題的簡便方法。他們將愛情中的另一半視為一份財產，我們常常發現他們認為愛情是可以買賣的。對於這種人，性只是一種征服和占有。這是他們擁有他人的手段，而不是生活中的伴侶關係。「活著有什麼意思？」很多罪犯問，「如果我不能擁有我想要的一切。」

現在，我們應該知道從哪裡開始防止人們犯罪了。我們必須教他們學會合作。把他們關在監獄裡是沒有什麼用的，但是將他們放出來又會危害社會。在現在這種情況下，社會是絕對無法將罪犯完全隔離開的。因此，我們要問：「他們並沒有準備好進入社會，我們能夠怎樣去幫助他們呢？」

這種合作能力的缺失是所有生命問題中的主要缺陷。在一天中，我們時時刻刻都需要合作，我們合作能力的高低可以從我們看、說、聽的方式中看出來。如果我的觀察正確，罪犯們看、說、聽的方式都與旁人不同。他們有著不一樣的語言，而他們智力的發展也有可能因為這種不同而受到阻礙。當我們說話的時候，我們總希望每個人都理解我們。理解本身就是一種社會功能。我們給予每一個單詞一個共同的解釋，我們理解這些單詞的方式也和他人理解這個單詞的方式一樣，但是罪犯們就不是這樣，他們有著一種私人的邏輯、一種私人的聰穎。我們可以從他們解釋自己罪行的方式中觀察到這點。他們並不蠢，也不是心智低下。如果我們接受了他們錯誤的個人優越感目標，那他們在大部分情況下都能得出非常合理的結論。罪犯會說：「我看一個人穿著漂亮的褲子，但我卻沒有，所以我必須殺死他。」假如現在我們承認他的欲望很重要，不要求他以有用的方式謀生，他的結論就非常明智；但這不是常理。

近來在匈牙利有過一則刑事案件，幾個婦人用毒藥犯了幾宗謀殺案，其中一人被押送到監獄時說：「我的兒子遊手好閒，而且他生病了，我只好毒死他。」如果她不想合作了，那她還能做什麼呢？她非常聰明，但是她有著一種不同的看待事物的方式、一種不同的人生觀。因此，我們就能看出，罪犯在看到漂亮東西，想不費力氣去得到時，他們會認為自己必須將這個東西從這個充滿敵意、他們從不感興趣的世界中帶走。他們對生命的展望受到了誤導，低估了自己的重要性和別人的重要性。

但在考慮他們所缺乏的合作時，這一點並不最值得注意。所有的罪犯都是懦夫。他們逃避自己覺得不足以解決的問題。除了犯罪之外，我們可以在他們面對生活的方式中看到他們的怯懦。我們也在他們所犯的罪行裡看到他們的怯懦。他們以隱藏和隔絕來保護自己。他們驚嚇某個人，在這個人防禦自己之前亮出他們的武器。罪犯認為自己勇敢無畏，但是我們不應該愚蠢到同意他們的觀點。犯罪是對英雄主義的懦弱模仿。他們追求的是虛幻的個人優越感目標，他們寧願相信自己是英雄，但是這仍然是對生命的一種錯誤看法、一種失敗的判斷。我們知道他們是懦夫，而如果他們意識到這一點，這對他們將是一個巨大的打擊。認為自己比員警聰明的這種想法常常會增強他們的虛榮心和自豪感，他們總是這麼想：「他們永遠都抓不到我。」

遺憾的是，我認為對每個罪犯的生涯進行仔細研究時都會揭露出，他確實有些犯行還未被察覺；這個事實非常讓人討厭。當這些罪犯東窗事發時，他們會想：「這次我被逮到了，但下一次，我一定要幹得乾淨俐落，讓他們逮不到我！」如果他們成功逃脫，他們會覺得自己已經達到目標，而且認為自己比同夥厲害，並接受同夥的尊重和讚賞。

—家庭環境—

我們必須打破罪犯這種對自身勇氣和聰明常見的判斷。但是我們在什麼地方打破呢？我們可以在家裡，在學校裡，以及在感化院裡實行。稍後，我會再描述攻擊要害的所在，現在我想進一步探討可能造成合作失敗的環境。有時我們必須把責任推卸給父母。也許母親技巧不夠，不會引導孩子與自己合作。她或許認為沒有人幫得上她，或者她自己都不能與自己合作。我們很容易在不幸或者破裂的婚姻中看到合作精神的缺失。孩子最初與母親聯繫，也許母親不想將孩子的社群情懷擴大到父親、其他孩子或者成年人身上。

又或者，這個孩子可能一直覺得自己處於家庭的中心地位，當他三、四歲的時候，其他孩子出生了，他就會覺得自己的寵愛受到威脅，弟弟妹妹把他從王位上趕了下來，他拒絕與母親或者弟弟妹妹合作。這些都是一些需要考慮到的因素。如果你回顧一下罪犯的早期生活，幾乎總是會發現問題就起源於早期的家庭生活。具有影響力的並不是環境本身，而是孩子對其地位的誤解，而且也沒有人去糾正他。

如果家裡有個孩子特別才華橫溢、前途無限，這樣的孩子會吸引父母親最多的關注，而其他的孩子就會覺得沮喪而憤憤不平。他們不會合作，因為想要競爭，但又沒有足夠的信心。我們常常看到孩子們不快樂地成長，他們就這樣被別人超越，沒有機會展現自己如何運用自身的才能。在他們中間，總會有人走上犯罪道路，還有的會患上神經症或者自殺。

對於缺乏合作能力的孩子，在上學第一天，我們就能從他的行為舉動中看出這個缺點。他們無法與其他的孩子交朋友，也不喜歡老師，注意力分散，不認真聽課。如果老師同學不能體恤或者理解他，他就會遭受新的挫敗。這樣一來又會常常受到苛責或者謾罵，而不是得到鼓勵或者學會合作。毫無疑問，他會發現課業越來越令人厭煩。如果他的勇氣和自信常常受到新的打擊，那他自然不可能對學校生活感興趣。我們總是會發現在罪犯的一生中，十三歲左右的時候還待在後段班，並且常因為愚鈍而受到責罵。他後來的整個人生都會因此陷入困境。他對別人會逐漸失去興趣，他的目標也漸漸轉移到沒有用的東西上面。

—貧窮—

貧窮有時也會帶來對生命意義的誤解。來自貧困家庭的孩子出了家門之後也許會遇上一些社會偏見。他們的家庭可能衣食匱乏，終日在愁雲籠罩中和生活搏鬥。孩子在很小的時候就必須外出工作以賺錢貼補家用。後來，他們遇上了一些有錢人，這些人的生活輕鬆，可以買自己想要的任何東西，這些孩子會覺得有錢人沒有權利享受比他們更加輕鬆的生活。這就是在貧富懸殊的大都市裡，犯罪案件特別多的原因。忌妒所衍生出來的行為方式沒有任何用處，但是處於這種環境下的孩子很容易誤解這種情形，認為獲得優越感的方式就是對金錢不勞而獲。

—身體缺陷—

自卑感也會被器官缺陷所圍繞，這是我的發現之一，而在這一點上，我覺得很慚愧，因為我竟然也替神經學和精神病學中的遺傳理論做了開路先鋒。但是，當我最初開始寫由器官引起的自卑以及其心理補償機制時，我就意識到了這個危險。要受指責的不是身體，而是我們的教育方法。如果我們運用了正確的方法，有身體缺陷的孩子對自己和別人就都會有興趣。如果沒有人幫助因器官缺陷而煩惱的孩子發展對別人的興趣，他就只會關心自己。

有很多人都存在內分泌缺陷，但是我想澄清一點：我們絕對無法說出某種內分泌腺的正常作用應該是什麼樣子的。我們內分泌腺的功能可以有相當大的變化而不損及個人性格。因此，如果我們想要找到一種正確的方式讓這些孩子成為社會的好公民，與他人能夠相互合作、關心他人，我們可以排除這個因素。

——社會缺陷——

在罪犯中有相當大的比例是孤兒，在我看來，我們沒有將合作的精神灌輸給這些孤兒，這是對我們社會的嚴重控訴。同樣地，還有很多是私生子。他們身邊沒有人能夠贏得他們的情感，並將這些情感轉移到全體人類身上。被拋棄的孩子常常會選擇犯罪，尤其是當他們知道並感覺到沒人想要他們的時候。在這些罪犯中，我們也經常發現其貌不揚之人，這個事實已被用來做為遺傳重要性的證據。但是想一想：其貌不揚之人會有什麼感受！他處在非常不利的情勢下。也許他是混血兒，沒有吸引人的外表，或者遭受社會的歧視。如果這種孩子相貌醜陋，他的整個人生就會背負重擔，他甚至沒有我們最喜歡回憶的時光——童年的魅力和新奇。但是如果我們以正確的方式對待他們，那所有的這些小孩都能發展出社群情懷。

但有意思的是，我們有時會發現罪犯是長相不錯的人。如果身體上存在醜陋之處的罪犯被認為是不良遺傳的犧牲品，天生就帶有身體上的缺陷——如殘手、兔唇等等，那麼對這些英俊的罪犯，我們又該怎麼解釋呢？其實，他們也成長於一個很難培養出社群情懷的環境中，他們都是被寵壞的孩子。

罪犯類型

罪犯可以被區分為兩種。第一種是那些知道世界上存在同情心這種東西，卻從未體驗過同情心的人。這樣的罪犯對所有人都抱有敵意，他們認為自己受到了排斥而且無人認可。另一種就是被寵壞的孩子。我常留意到犯人在陳述中抱怨：「我為什麼會犯罪，就是因為我的母親把我慣壞了。」對於這一點我們不會詳細說明，但我在此提及只是想要強調，在很多時候，人之所以犯罪是因為他們在合作能力的高低上並沒有受到正確的引導和訓練。

也許，父母原本想要將自己的孩子培養成社會中的好公民，但是他們不知道該如何做。如果他們整天板著臉孔，事事吹毛求疵，那他們就絕不可能成功。如果他們嬌縱自己的孩子並將他們視為一切的中心，孩子就會只因為自己的存在，而認為自己是最重要的，不用付出任何努力就可以博取他人的好感。因此，這樣的孩子會失去奮鬥的能力，常常想要別人關注他，並且總是期待著某些東西。如果他們找不到可以滿足他們願望的方法，他們就會怪罪於他人或環境。

案例分析

現在讓我們轉到幾個案例上面來，看看我所說的是否正確，儘管這些案例不是為這個目的而寫的。

我要討論的第一個個案，是從薛爾敦和吉利克合著的《五百起刑事案件》一書中選出來的，是「死硬分子約翰」的個案。這個男孩檢討他犯罪生涯的起因時說：

「我從沒想過我會變成現在這個樣子。一直到十五、六歲的時候，我都跟別的孩子一樣。那時，我喜歡運動，常常參加體育活動。從圖書館借書來看，保持著非常規律的生活，一切都很正常。之後，我父母就強迫我退學去工作，然後拿走我所有的薪水，每個星期只給我五十分錢。」

這些話都是他的控訴。如果我們問他和父母之間的關係，如果我們能夠看到他的整個家庭情境，我們就能發現他真正經驗到的是什麼。目前，我們只能斷定他的家庭不太和諧。

「我工作了近一年，開始和一個女孩子交往。她很喜歡玩。」

我們經常會發現罪犯會把感情寄託在一個喜愛玩樂的女人身上。還記得我們之前提到過——這就是一個問題，而且能夠測試一個人的合作能力。他與一個好享樂的女孩子戀愛，但他每個星期只有五十分的零用錢。我們不認為他這樣做真的能解決愛情問題。他應該知道天底下還有許多女孩子，在這種情況下我肯定會說：「如果她想要的只是玩樂，那她就不是適合我的女孩子。」可是，每個人對生活中什麼東西最重要的看法卻是各不相同的。

「我在那些日子裡無法給予一個女孩快樂的時光，甚至一週只有五十分錢。老頭子不會給我更多錢。我很難過，心裡想著：我怎樣才能多賺些錢呢？」

一般人會告訴他：「你可以再找份工作，多賺一點錢。」但是他卻想不勞而獲，他想找個女孩子，就是為了自己快樂，不是為了別的。

「有一天我遇見了一個人，很快我們就混熟了。」

當陌生人出現，這就是另一個考驗。有著正確合作能力的孩子是不會被引向邪門歪道的，但是這個男孩的處境卻讓他做出了這樣的選擇。

「他是個很聰明的小偷，機智、有能力，對這個行業非常熟悉，而且會跟你分贓，數額絕不會讓你失望。我們在鎮上犯了很多罪行，而且每次都能成功逃脫，於是我決定從今以後一直幹這一行。」

我們聽說他父母有一棟自己的房子。父親在一間工廠做領班，全家人的收入剛好打平開銷。這個男孩家裡有三個孩子，據我們所知，在男孩犯罪之前，家裡從未有一人有過違法行為。在聽說有科學家用遺傳來解釋這種問題時，我很好奇。男孩承認自己在十五歲的時候就已有過性經驗。我肯定會有人說他性欲旺盛。但是這個男孩對其他人根本沒興趣，他所想要的只是尋歡作樂。任何人都有可能耽溺於性事，這並沒什麼困難。這孩子是想在這方面尋求別人的欣賞——他想要成為征服異性的英雄。

他在十六歲時和一個同夥因為闖入民宅偷竊而被捕。他在其他方面的興趣也隨之證實了我們所說的。他想以外貌吸引女孩的注意，成為征服者，通過為她們付錢來贏得她們的芳心。他頭上戴著一頂寬邊沿的帽子，脖子上繫著一條紅色領巾，皮帶上插著一支左輪手槍。他還取了個「西部歹徒」的外號。他是個虛榮心很強的孩子：他想表現出英雄的風采，但又沒有其他方法。他承認被控訴的所有行徑，還大言不慚地說：「還有其他更多事呢。」他毫不在乎別人的財產權利。

「我覺得生活沒什麼意思。對於大部分人而言，我除了最徹底的蔑視外，沒有任何感覺。」

所有的這些看似有意識的想法其實是無意中形成的，他並不理解它們真正的意思。他覺得生命就是一種負擔，但是他還是不明白自己為什麼如此消沉。

「我從小就不相信任何人。大家都說小偷從不相互欺騙，其實沒這回事。我曾經有個夥伴，我對他很好，他卻在暗中害我！」

「如果我有了足夠的錢，我也會像平常人一樣正直的。也就是說，如果我有足夠的錢，不用工作也能擁有我想要的一切。我不喜歡工作，我討厭它，以後我也絕不工作。」

我們可以把最後一點解釋為：「該對我的生涯負責的是壓抑。我被迫壓制自己的希望，因此我成了罪犯。」這一點，值得深思。

「我從沒有為了犯罪而犯罪。當然，有時突然興起，開車到某個地方，幹完後，就逃之夭夭。」

他相信這是英雄行徑，絕不承認它是一種懦弱的表現。

「我有次被捕時，身上有價值一萬四千美元的珠寶。但是我不知道有任何比去找女朋友更痛快的事，於是就賣掉珠寶換點現金去看她，結果他們就抓到我了。」

這些人為他們的女友花錢，並輕而易舉地贏得了勝利，但是他們都認為這是真正的勝利。

「監獄裡有各種學校，我將要接受能得到的各種教育——我不是要改過自新，而是讓自己對社會更具危險性！」

這是對人類非常仇恨的態度的表達。但是他不需要人類，他說：

「如果我有孩子的話，我一定會擰斷他的脖子！你以為我會為了把一個人帶到這個世界而感到愧疚嗎？」

我們該怎樣改變這樣一個人呢？除了提升他的合作能力，並讓他明白他是在哪個地方誤解了生命，別無他法。我們只能在追溯到他童年時期對於生命的誤解時，讓他認識到自己的錯誤。我並不知道在這個案件中究竟發生了什麼。其間的描述並沒有涉及一些我認為重要的點。他的童年肯定發生了什麼事情，才使得他成了一個罪犯。如果非要我猜測，我想也許他是家裡的長子，起初他和其他的長子一樣，得到家裡人全部的寵愛。後來，另一個孩子出生了，他便覺得自己的地位被人剝奪。如果我猜對了，你就會發現，諸如此類的小事都可能妨害到合作的發展。

這個男孩講了更多他在犯罪之後，被送往少年感化院所遭受的虐待，他後來帶著對社會的強烈仇恨離開了少年感化院。對於這一點，我必須說點什麼。在心理學的角度，所有的罪犯在監獄裡所受的虐待都可以解釋為一種挑戰，是對強韌性的考驗。同樣地，當罪犯總是聽別人說「回頭是岸，重新做人」時，他們也會將此看做是一種挑戰。他們想要成為英雄，因此他們非常樂於接受這一類挑戰。他們把它看成是一種比賽，認為社會是在挑戰他們，他們必須堅強地撐下去，所以他們的決心會更加堅定。如果一個人認為自己正在和全世界作戰，還有什麼事比挑戰更能惹惱他們？

在教育問題兒童時，向他們挑戰是最嚴重的錯誤之一。「我們來看看誰更強！看看誰能撐得最久！」這些孩子就像罪犯一樣，沉迷在這種要成為強者的觀念裡。他們知道如果自己足夠聰明，就能逃避懲罰。監獄和感化院裡的工作人員有時就喜歡挑戰罪犯，這是最糟糕的做法。

現在，我給你看一個謀殺犯的日記，他已經因為這項罪名被處絞刑了。他殘忍地殺害了兩個人，在犯罪之前，他在日記中寫下了他的動機。這日記讓我們有機會去了解罪犯是如何在心裡計畫自己的犯罪過程的。沒人會在沒有任何計畫的情況下實施犯罪，而這個計畫裡往往包含了罪犯的辯解。在所有這樣的自白書中，我從未發現有哪個罪犯會將自己的罪行描述得簡單明瞭的，也從沒發現過不想替自己的罪行辯解的犯人。

在此，我們可以看出社群情懷的重要性，甚至罪犯都想要跟社群情懷和解。同時，在犯罪之前，他們必須做好準備，扼殺自己的社群情懷去衝破社群情懷的牢籠。在杜斯妥耶夫斯基的《罪與罰》中，拉斯柯爾尼科夫在床上躺了兩個月，考慮是否要去犯下一個罪行。他用這樣一個問題逼迫自己：「是做拿破崙，還是做隻跳蚤？」罪犯喜歡自我欺騙，並用這樣的想像激勵自己。其實，所有的罪犯都知道他們的生命毫無意義，也知道什麼樣的生命才是有意義的。但是，他們出於懦弱而反對這樣的觀點，因為沒有能力成為有用之人，他們就會選擇懦弱：生活中的問題需要合作能力來解決，而他們沒有接受過合作方面的訓練。在以後的生活中，罪犯們會想解脫掉他們的負擔，他們會尋找一些藉口來掩飾自己的行徑，例如生病、失業等等。

下面是這篇日記的部分摘錄：

「家人與我脫離關係，我討人厭，惹人煩（他顯然很愛面子），我的巨大不幸幾乎要毀滅我。沒有什麼讓我念念不忘。我覺得我不能再忍受了。我應該聽天由命、任人宰割，可是吃飯的問題怎麼辦呢？肚皮可是不聽指揮的啊！」

他開始尋找藉口了。

「有人預言我會死在絞刑架上。但是話又說回來，餓死和絞死又有什麼區別呢？」

在另一個個案裡，有個母親對他的孩子預言道：「我知道有一天你一定會把我勒死的！」當這個孩子十七歲的時候，他果然勒死了一個人，只不過這個人是他的姑姑。預言和挑戰是有同樣作用的。

日紀繼續：

「我並不擔心會有怎樣的後果。無論如何我都是會死的。我一無是處，沒人想與我有任何關係。我所喜歡的女孩子也與我疏遠了。」

他想要引起這個女孩的注意，可是他既沒有體面的衣裳，又沒有錢。他把這個女孩子看做是一宗財產，這就是他對愛情和婚姻問題的解決方法。

「要嘛救贖，要嘛毀滅，對我來說都是一樣的。」

我會在此處說明，雖然我想有更多解釋的空間，但是這些人都喜歡採取激烈的對立或矛盾。他們就像兒童，非此即彼：「饑餓或者絞刑架」、「拯救或者滅亡」。

「一切計畫就緒，就定在星期四行動。目標也已經選好了。我在靜待我的時機。時機一到，就會發生一些不是所有人都能做到的事情。」

他把自己當成是個英雄，「大可怕了，不是每一個人都做得出來的。」他帶了一把小刀，殺死了一個大驚失色的人。這真不是每個人都做得出來的事！

「就像牧羊人驅趕著自己的羊群，饑餓的打擊可以驅使一個人犯下最惡劣的罪行。也許我再也看不到第二天的太陽，但是我不在乎。最有可能發生的事情是我會飽受饑餓的折磨。我已經受夠這種痛苦的煎熬了。當他們坐下開始審判我，我將會迎來最終的磨難。人必須為自己的罪行付出代價，但是這種死法遠比餓死好。如果我餓死了，沒人會注意到我。可是，現在人們將成群結隊前來觀看行刑，也許還會有人為我感到遺憾。我已經完成了我要做的事情。沒有一個人像我今夜這樣遭受恐懼的折磨。」

因此，他終究不是自己要成為的那種英雄。在審問時，他說：「雖然我沒有擊中要害，但我還是犯了謀殺罪。我知道我註定要上絞刑架了，遺憾的是別人穿的衣服都那麼漂亮，而我卻一輩子都沒穿過像樣的衣服。」

他不再將饑餓說成是他的動機，現在他關心的是衣服。「我不知道我在做什麼。」他辯護道。不管怎樣你總會發現這一點。有時罪犯在犯罪前飲酒是為了不想承擔責任。所有這些都證明了他們要如何努力才能突破社群情懷這面牆。我認為，在罪犯的每一個描述中，都能找到證明我觀點的語句。

合作的重要

現在，我們面臨真正的問題了。我們能做什麼呢？如果我說的都是對的，在每件犯罪案件中，我們總是發現缺乏社群情懷而又沒有學會合作之道的個體，在追求著虛幻的個人優越感，那我們該怎麼辦呢？對待罪犯就像對待神經質患者一樣，除非我們能夠成功贏得他們的配合，否則我們就無能為力。我不能太過強調這一點：如果我們能讓罪犯關心人類的利益，如果我們能夠讓他們關心他人，如果我們能夠培養他們的合作能力，如果我們能夠讓他們用合作的方式來解決生命中的問題，那成功是必然的。如果我們做不到這些，就會一無所獲。

這項任務並非看起來那麼簡單。我們不能通過使事情簡單化的方式來爭取他，更不能使事情複雜化。我們不能通過指出他的錯誤以及和他爭論來爭取他。他的心智已經構建好，他以這種方式看待世界許多年。如果我們要改變他，我們就必須找到他的模式的根源。我們必須找到失敗最初發生在哪裡，以及導致失敗的環境。他人格的主要特徵在四、五歲時就已經確定了：他在這時犯了對自我和世界評估的錯誤，我們看到這些錯誤出現在他的犯罪生涯中。我們必須了解並糾正這些原始的錯誤。我們必須尋找他態度最初形成的情形。

以後，他會將自己所經歷到的一切都用於肯定這種態度。如果他的經驗和他的態度不十分符合，他會因此耿耿於懷，並且不斷進行打造，直到這些經歷服從於他的計畫。假如有個人對生活的態度是「其他人看不起我，對我很不好」，他就會找到很多的證據來證明自己的這個觀點。他會尋找一些事情來證明自己是對的，並忽視所有反面的證據。罪犯只關心自己和自己的觀點，他有他自己觀看和傾聽的方式，而時常忽視那些與他們自己對生命的解讀不符的事情。因此，除非我們能獲知他各種解釋背後的意義，和他各種觀點的成因，並發現他的態度最初開始時的方式，否則我們就無法勸服他。

這是體罰無效的原因之一。罪犯會視體罰為社會充滿敵意而且無法合作的一種證明。也許，他可能會在學校遇到類似的事情。他未受過合作的訓練，因此他成績很差，或者在班上品行不端，而受到責罵和懲罰。現在要鼓勵他合作嗎？他只覺得環境更令人失望。他覺得人們都在和他對著幹。有什麼人會對一個經常受到責備和懲罰的地方培養出興趣呢？

這種情況下，孩子會一點點失去自己曾經擁有的信心。他不再關心自己的功課、老師或者學校的同學。他開始蹺課，躲到一個別人找不到的地方。在這些地方，他認識了一些與他有相同經驗，而且跟他一樣選擇了蹺課的孩子。他們開始相互理解，他們也不會互相指責，相反地，他們會彼此吹捧，利用彼此的好勝心，讓彼此把希望寄託在生活中無用的一面上。這些人喜歡他，他和他們相處也覺得自在多了。就這樣，成千上萬的孩子以這種方式加入了犯罪集團，如果在以後的生活中我們還一直用以前的方式對待他們，只會證明我們是他們的敵人，只有罪犯才是他們的朋友。

這樣的孩子為何會被生活的任務打敗，根本一點理由都沒有。我們永遠都不應該讓他失去希望。假如我們在學校中能培養孩子們的自信和勇氣，我們就能很容易地阻止這種事情的發生。我們在後文中會更詳細地來說明這一點，我們現在只是用這個例子來展示，罪犯如何一貫地把懲罰解釋為社會和他作對的象徵。

體罰無效還有別的原因。很多罪犯並不是十分看重自己的生命。有的罪犯在某些時刻會非常想要自殺，體罰根本嚇阻不了他們。他們會沉迷於打敗警察的欲望之中，一心一意地要證明警察對他們無可奈何。他們把很多事物都當做是挑戰，這就是他們對這些挑戰的反應之一。如果警察對罪犯非常嚴厲，他們就會拚盡全身力氣與之抗衡，這會讓他們進一步認為自己比警察聰明。

正如我們所見，罪犯對所有事物的理解都是這樣的。他們將自己與社會的聯繫視為他們獲取至高無上地位的一場連續不斷的戰爭。如果我們也抱有同樣的想法，那我們就只會被他們所利用。照這樣來說，電椅甚至也成了一種挑戰。罪犯會假想自己是在跟一群膽小的怪人作戰。懲罰越重，他們就越想要展現自己高超的詭計。有許多罪犯之所以犯罪，都是這個原因。被判電椅死刑的罪犯經常會懊悔他們為什麼沒能逃過警察的耳目：「要是我沒把眼鏡掉在現場就好了！」

—童年的影響和罪犯的生命風格—

我們想要罪犯改頭換面的唯一一種方式，就是找出他們在童年時候究竟發生了什麼，導致妨礙他們學會合作。個體心理學已經在黑暗中給了我們一道亮光，讓我們能夠看得更加真切。在五歲左右，孩子的心智就會發展完成，他人格的許多脈絡會在這時串聯在一起。遺傳和環境對他們的發展會有一定的影響，但是我們不是很關心孩子從娘胎裡帶到這個世界的是什麼，或者他們遭遇了怎樣一種經歷，而是關心他們利用這些東西的方式，他們對這些東西抱持什麼樣的態度，他們怎樣應對這些東西。了解這一點是相當重要的，因為我們對遺傳的能力或者殘疾真的是一無所知。我們必須考慮的是他所處情境的各種可能性，以及他把它們運用至何種程度。

對所有的罪犯而言，可以使其罪行減輕的情況就是，他們還具有某種程度的合作，可是這卻不足以滿足社會生活的要求；在這一點上，最初的責任就取決於母親。她必須了解如何擴大孩子的興趣範圍，她必須以身作則，擴大她自身的興趣，直至變成對別人的興趣。她必須以這種方式表現——即孩子要對整個人類以及他整個未來的生活感興趣。但是，也許這位母親並不想讓孩子對別人產生興趣，也許她的婚姻並不幸福，夫妻倆正在考慮離婚，或者互相猜疑。因此，她可能希望自己能夠獨占這個孩子。她溺愛孩子，凡事遷就孩子，而且不讓他脫離自己而獨立。在這樣的環境下，孩子合作能力的發展自然會受到限制。

關心其他的孩子對於社群情懷的發展也非常重要。有時，如果有一個孩子是母親的最愛，其他的孩子就很有可能對這個受寵的孩子很不友好，將他排斥出自己的小團體。當他對這樣的情況產生誤解時，就很有可能成為犯罪生涯的起點。如果家裡有個孩子的能力特別出眾，那排在他前後的孩子就很有可能成為問題兒童。例如，次子長得很討人喜愛的時候，他的哥哥就會覺得父母的愛被他奪走。這樣的孩子很容易用自己遭受到忽視的感覺來欺騙自己，然後沉迷在自己被忽視了的感受中。他會尋找證據證明自己是對的。他的行為舉止會越來越糟糕。父母便會對他越來越嚴厲，因此他就會更加確信自己的想法，覺得別人總是對自己頻頻阻撓，而且自己總是被晾在一旁。他感覺自己的東西被他人奪取，他就開始偷竊；被發現後，又飽受懲處，這樣一來，他就越來越確信沒人愛他，每個人都在找他麻煩。

如果父母總愛在孩子面前抱怨生活困難，那他們就可能阻礙孩子在社群情懷上的發展。如果父母常常指責他們的親戚或者鄰居，常常批評別人並表現出不好的情緒或者偏見，也會導致同樣的結果。無疑地，孩子們長大後，看待別人總是帶有扭曲的觀點，這也不足為奇，要是他們最後將矛頭指向自己的父母，也不奇怪。如果社群情懷受到阻礙，剩下來的就只有自私的態度了。這種孩子會覺得：「為什麼我要為別人做事呢？」而且，因為在這樣的思想框架中，他們不能解決生活中的問題，所以他們必然會猶豫不決，並尋找一條簡單的出路。他們發現和生活搏鬥是相當艱難的事，如果傷害到別人，他們也毫不在意。既然這是一場戰爭，那麼使出什麼手段都是無可厚非的。現在我們列出幾個例子，讓你看看罪犯的發展模式是怎麼樣的。

有一個家庭，家裡的第二個兒子是個問題孩子。就我們所知，他非常的健康，而且沒有任何遺傳缺陷。他的哥哥最受父母寵愛，而他一直都在努力地想要趕上哥哥的成就，就像是在參加一場比賽，想努力成為第一名。他的社群情懷完全沒有發展出來，他對母親的依賴非常深，而且想要從母親那裡得到一切東西。哥哥是學校裡的佼佼者，而自己卻是學校裡的最後幾名，所以與哥哥的競爭非常困難。

他想要掌控別人的欲望非常明顯，常常喜歡對家裡的老女傭發號施令，待她像個士兵一樣，讓她忙得團團轉。但這位女傭很喜歡他，即便他已經長到二十歲了，她仍然待他像一個將軍一樣，陪他一起玩。他一直對自己必須完成的工作感到非常焦慮和害怕，但他其實什麼都沒有做成。當他經濟拮据時，便向母親開口要錢，雖然難免要受到母親的批評和責罵，不過最後還是能如願以償。

突然有一天，他結婚了，而婚姻讓他的情況更為惡化。但是，對他來說最重要的是趕在哥哥之前結婚，他將此看成自己最大的勝利。由此可見，他對自身價值的評估非常低——他竟然想以如此微不足道的小事占上風。對於婚姻，他並沒有做好準備，所以他與妻子常常吵架。當母親不再有能力像之前那樣資助他之後，他便去預訂鋼琴，並在付款之前將鋼琴賣出去，這樣的行為害得他鋃鐺入獄。

從整個案例中，我們從他童年生活便看出了他以後行徑的基礎。他在哥哥的陰影下長大，就像一株被大樹奪盡陽光的小樹一般。他一直以為與天資聰穎的哥哥相比，別人都瞧不起他、忽視他。

還有一個案例，是一個十二歲的小女孩，她非常爭強好勝，而且得到父母的諸多溺愛。她有一個妹妹，不管是在學校還是在家裡，她都非常妒忌自己的妹妹，總想與她作對。她一直很敏感妹妹所受到的偏愛，例如獲得較多的零用錢或糖果等等。有一天，她偷了同學口袋裡的錢被發現了，受到了處罰。幸運的是，我可以向她解釋整個情況，讓她從無法與妹妹競爭的觀念中解脫出來。同時，我給她家裡人解釋這些情況，他們也同意避免再造成妹妹更受偏愛的印象。這些事都發生在二十年之前。如今，這個女孩結婚了，非常正直，並有了自己的孩子。自從那時起，她就沒有在生活中犯過大錯。

我們已經考慮過對兒童的發展特別危險的各種情境，現在，我想要簡單概括一下。我們之所以要強調它們，是因為如果個體心理學的發現是對的，那麼我們就必須先認識到這些情形對孩子的犯罪觀念所造成的影響，我們才能真正指導他們走上合作之路。容易產生特別困難的孩子分為三大類型：第一，有身體缺陷的孩子；第二，受寵溺的孩子；第三，被忽視的孩子。

有身體缺陷的孩子覺得他們與生俱來的權利天生被剝奪了，除非他們對別人的興趣得到特別的訓練，否則他們比普通人更關注自己。他們也一直在尋找控制別人的機會，我曾看到過一個例子，有個男孩因為一個女孩拒絕了他的求愛而覺得丟臉，竟然慫恿一個年紀比他小而且又傻的男孩殺死她。

嬌生慣養的孩子仍然依偎在寵愛他們的父母身旁——他們沒有將興趣擴大到世界的其餘部分。沒有哪一個孩子是完全被忽略的，否則他連嬰兒期的最初幾個月都無法存活下來。但是在孤兒、私生子、棄子、醜陋和畸形兒童之中，我們也發現了我們可稱之為被忽略的兒童。因此，我們在這些罪犯中發現了兩種主要類型的原因——醜陋而被忽視的和俊俏而受寵的，這就很容易理解了

我曾努力在我接觸過的罪犯中，以及在我閱讀過的書籍和文章對犯罪的描述中，尋找罪犯人格的結構。我發現，個體心理學的要點讓我們對這些情形有所了解。讓我從安東·馮·費爾巴哈所著的一本古老的德國書中挑選出幾個例子，來做進一步的說明。我已經發現了對罪犯心理學的最佳描述。

一、康拉德的個案

他在另一個人的幫助下謀殺了自己的父親。他的父親一向輕視這個孩子，並且對他非常粗暴，同時還虐待整個家庭。這個男孩曾有一次反擊了父親，於是父親就將孩子告上了法庭。法官說：「你的父親太惡劣，我無能為力。」請注意這位法官的話已經種下了禍因。整個家庭都想為此找個解決方法，卻徒勞無功，他們都很絕望。後來，發生了一件更令他們失望的事情。這位父親帶了一個聲名狼藉的女人回家一起住，還將兒子趕出家門。這時，男孩結識了一個工人，他對孩子的情況深感憤怒，建議男孩殺掉父親。男孩因為母親的關係非常猶豫，但是家裡的情況變得越來越糟糕。在經過長期的考慮之後，兒子下定了決心，在這位工人的幫助下殺死了父親。

在此，我們看到這個兒子無法將他的社群情懷延伸到父親身上。但他對母親有著深深的牽掛，而且非常尊重母親。在他殘餘的社群情懷崩潰之前，他需要找到一個值得原諒的藉口。直到他從這個工人之處得到支持之後，在對父親家暴的憤恨之下，他才能鼓起勇氣犯下這樁罪行。

—二、瑪格麗特・史文齊格的個案—

她的外號是「毒殺女」。她是一個棄嬰，從小在孤兒院長大，外表瘦小醜陋，她就像個體心理學所說的那樣，急於想吸引別人的注意，但卻飽受冷眼。她還為了迎合別人的想法而表現出非常有禮貌。

在經過多次令她心灰意冷的嘗試之後，後來她為了奪得別人的丈夫，曾三次毒害別的女人。她覺得自己被剝奪了一切，但又想不出別的辦法來「拿回屬於自己的東西」。她還為了將這些男人繼續留在身邊，而假裝懷孕或者試圖自殺。她在自己的自傳中無意地證明了個體心理學的觀點，但卻沒能明白自己為什麼要這樣寫：「每當我做了些不好的事情，我都會想：『沒人覺得對不起我，那我為什麼要擔心自己是否對不起別人呢？』」

我們在這些話語中，看到她如何鼓動自己，一步步走向犯罪，並為自己找出各種藉口。當我提倡合作、對別人感興趣時，我常聽到這種說法：

「但是別人對我並沒有的興趣啊！」我的回答是：「總要開始吧。如果別人都不合作，這不是你的問題。我的建議是，你應該起個頭，不要在乎別人是否合作。」

三、N. L.

是家裡的長子，從小就沒有得到好的教養，有一隻腳是瘸的，對於他弟弟，他扮演的是父親的角色。我們也可以將這種關係看做是一種優越感目標，在一開始也許會對當事人有利。但是，它也可能是一種驕傲和炫耀的欲望。後來，他將母親趕出家門去乞討過活，並且罵道：「滾出去，老妖婆。」

我們應該同情這個男孩，他甚至連自己的母親都不關心。如果我們從他孩提之時起就了解他，我們就能知道他是如何走向犯罪生涯的。長期以來，他都失業在家，沒有錢，還染上了性病。有一天，他外出找工作卻一無所獲，在回家的路上，為了想強占弟弟微薄的收入，兩人發生爭吵，他殺死了弟弟。從這裡，我們可以看出他合作的極限——沒有工作、沒有錢，還患有性病。限制總是存在，但超出了這個限制，個體就會覺得自己已經無法前進了。

一四、一個很小就成了孤兒的孩子一

養母收留他之後，對他百般縱容，毫無節制。結果，他成了一個被慣壞的小孩，在後來的日子也發展得很糟糕。在生意上，他非常精明，總是想要給所有人留下深刻的印象，也一直都想做到最好。他的養母對他的雄心壯志很鼓勵，卻總是被他的花言巧語所騙。他變成了一個非常擅長說謊的騙子，不擇手段地騙取了很多錢財。他的養父母是貴族的後代，他裝出貴族的派頭，揮霍掉了所有錢財，把他們趕出了家門。

不良的教養和無限制的縱容，已經將他慣得不務正業。他將撒謊和欺騙看做自己的人生使命，只為過得比別人好。他的養母愛他勝過自己的孩子和自己的丈夫。這樣的待遇讓他感覺自己做任何事情都是對的，但是他低估了自我價值，這表明他並不覺得自己有能力通過常規方式獲取成功。

─合作能力的培養─

我們已經指出，孩子都不應該被不利於合作的自卑感所影響。在生活面前，沒有哪個人是注定要被打敗的。罪犯已經選擇了一條處理困難的錯誤道路，我們必須告訴他們錯在哪裡，原因是什麼，並且要培養他們合作的能力，去關心他人，與他人合作。我們如果能讓罪犯認識到他們的行為並非是英勇無畏，而是懦弱的表現，那麼我相信，罪犯就無法對自己的行為自圓其說，在未來，也就沒有孩子會選擇讓自己走上犯罪道路。在所有的罪犯案例中，無論描述是怎樣的，我們都可以看到童年時錯誤生命風格的影響，這種生命風格都表現出缺乏合作的能力。

在此我要強調的是，合作能力必須學會。毫無疑問，合作能力肯定存在遺傳因素。每個人都有潛在的合作能力，這種潛能必須被看做是天生的，要想激發它，就必須加以訓練和練習。其他有關犯罪的觀點對我來講似乎毫無關聯，除非我們能夠找出那些合作能力得到很好的培養卻依然會犯罪的人。我從未見過這樣的人，也沒聽過別人說他曾見過。預防犯罪最恰當的方法就是培養其適當的合作能力。如果意識不到這一點，我們就不可能期望避免犯罪的悲劇。

培養孩子的合作能力就像給他們上地理課一樣，這是一種真理，是可以傳授的。就像無論是成人還是兒童，他們只有具備充分的地理知識才能坦然地去參加地理考試，如果沒有做好充分準備，那他們肯定考不及格。我們所遇到的所有問題都需要合作的知識。

犯罪問題的解決方案

關於犯罪問題的科學探討已經接近尾聲，現在我們必須勇敢面對犯罪的事實。人類在地球上生存了千萬年，仍然找不出應付這個問題的正確方法。曾經我們找出的方法效果都不大，犯罪的問題仍然沒有解決。原因就在於我們從沒有去幫助罪犯糾正錯誤的生命風格。如果不對這方面加以分析，那麼任何時候我們都無法解決這個問題。

讓我們重新回顧一下我們研究的過程。我們已經發現罪犯並不是特殊的人類，他和普通人一樣，他的行為也具備一定的人類行為的合理性。認識到這一點非常重要。如果我們了解犯罪並不是一個孤立事件，而是生活態度的病徵，而且能找出形成的原因，並把它當成是可解決的，那麼我們就有足夠的信心來改變犯罪的問題。

我們發現，罪犯已用不合作的思維和行動訓練自己有一段時間了。這種缺乏合作的根源可以回溯到他的童年早期，即生命最初的四、五年。在那些年裡，他對別人興趣的發展出現了阻礙。我們已經描述過這種阻礙與他的母親、父親、同伴、周遭的社會偏見、環境中的困難以及其他因素的關聯。我們已經發現，在形形色色的罪犯中、在所有各種失敗者中，最大的共同特徵就是缺乏合作、缺乏對別人以及人類幸福的興趣；如果我們要做點什麼，這種合作能力就必須要學會並得到訓練。除此之外，別無他途。

要使罪犯有所改變，我們所做的每件事情都取決於他是否具備合作能力這個因素。

罪犯在一個點上與其他的失敗者有所不同。經過長期地、不斷地反對合作訓練，他已經喪失了在正常的生活任務中獲取成功的希望；然而，他將活動的重心轉移到了一些毫無用處的方向上。他在無用的一面表現的非常積極，在某種程度上，他能與那些他認為跟自己很像的人、跟自己同一類型的人，以及與其他罪犯一起合作。在此，他與神經質患者、自殺者和酗酒者都不相同。然而，他的活動範圍非常有限，有時候，他活動的可能性就只剩下犯罪。有些罪犯甚至不會犯下不同的罪行，而只是一次又一次地重複犯下同一種罪。這就是他的活動範圍，他把自己限制在這個狹小的天地裡。我們在這種情境中看到他是多麼缺乏勇氣。他一定會失去勇氣，因為勇氣只是合作能力的一部分。

罪犯一直都在準備著犯罪所需要的手段和情緒。他白天計畫，晚上則以做夢來清除殘餘的社群情懷。他總想找到能夠減輕犯罪感的藉口，以及迫使他不得不犯罪的理由。要打破社群情懷的束縛並不是容易的事情，它具有相當大的抗拒力。但是如果一個人想犯罪的話，他總是要想出一個可以說服自己的藉口，這個藉口可以是他曾受過的委屈，也可以是自己憤怒的情緒，通過這些藉口來克服他的障礙。這能幫助我們了解他為什麼要不斷地尋找對周圍環境的解釋以堅定他的態度，也能幫助我們了解到為何跟他爭辯是一點用處也沒有。他一直以來都是用自己的眼光來審視這個世界，而這種態度已經根深柢固了。除非我們找到他形成這種態度的原因，否則我們無法期待能使他改變。然而，我們卻具有一項讓罪犯無法抗衡的利器，那就是我們對他人的興趣，它可以讓我們找出真正能夠幫助罪犯的方法。

當一個人處於困境，又缺乏勇氣面對時，就容易想透過犯罪來解決問題。尤其在一個人窮困潦倒的時候。此時，他像所有人類一樣，也在追求著安全感和優越感，也渴望走出困境，克服障礙。然而，他的追求卻是社會所不允許的：他的目標是想像出來的個人優越感，而他達成這種目標的方法，是自欺欺人地把自己當成警察、法律和社會組織的征服者。不顧社會法律的約束，不在乎警察的管制——這些都是他和自己在玩的把戲。

比如，當他毒害別人的時候，他認為這是他個人的巨大勝利，而且他常常以此來痲醉自己、欺騙自己。他在第一次落網之前就已經有過前科，因此當他行跡敗露的時候，他的想法大概是：「我要是再小心一點，就不會被抓住了！」從這些描述，我們可以看出他的自卑情結。他從工作環境以及與生活有關的任務中逃離出來。他覺得自己無法獲得正常的成功。他不肯與人合作的習性會增加他的困難——大多數的罪犯都是沒有技術的工人。他通過發展一種毫無價值的優越感來隱藏自己的不足。他認為自己是多麼勇敢、多麼特別，但是，我們能夠把一個生活上的失敗者稱為英雄嗎？罪犯實際上在夢裡實現了他的生活：他根本不知現實為何物，他必須盡力使自己不要面對現實，否則他就只能放棄他的犯罪生涯。因此，我們發現他常常幻想：「我是這個世界上最強大的人，因為我能殺死每個人。」或者「我比任何人都聰明，因為我能犯罪而不被發現。」

我們在前文已經了解了在童年時期心理負擔過重和被寵壞的孩子是如何走上犯罪道路的。我們需要對身體有缺陷的孩子給予特別的照顧，這樣才能把他們的興趣引導到別人身上。另外那些被忽視、不受歡迎、不被欣賞或討人厭的孩子也都處於類似的情境，他們很少與人合作，也不知道合作可以使他們受到歡迎並贏得別人的情感，從而解決自己的問題。那些被寵壞的孩子一直以來都是茶來伸手飯來張口，根本沒有被教育過要憑自己的力量來獲取東西。他們認為世界上所有人都應該迎合他的需求，否則他就覺得世界很不公平，從而拒絕合作。在每一個罪犯的背後，我們都能找出上述的某種情況。他們缺乏合作的能力，一旦遇到困難的時候就會不知所措。所以，讓他們養成合作能力才是我們最該做的事。

現在，我們已經具備充分的知識和豐富的經驗。個體心理學也已經告訴了我們如何才能改變每一個罪犯。但是，請想想看，如果要找出每一個罪犯給予個別的矯治，以改變其生命風格，那是一件多麼艱巨的工作！不幸的是，在我們這個社會，如果人們面對的困難已經超過了某個限度時，大部分的人就會放棄合作。這就是在經濟不景氣的時候犯罪率會上升的原因。因此，我認為，如果我們堅持以這種方式消除犯罪，我們就要對大多數的人進行教育。但是想要將每一個罪犯或者潛在性罪犯都變成社會的有用之才，是不大可能的。

一些可行的措施

但是，我們還有很多可以做的事情。也許我們不能改變每一位罪犯，但可以做一些事來減輕這些人的負擔，讓他們變得強壯，足夠背負這些負擔。比如，說起失業和缺乏職業培訓與技巧，我們應該讓每個想要工作的人都能夠經過努力得到一份工作。這也許是降低社會生活的要求以使大部分人類不致喪失最後合作能力的唯一辦法。毫無疑問，如果我們可以做到這點，犯罪率便會下降。我不知道我們的時代是否能夠使人們不再受經濟問題的困擾，但是我們卻應朝這個方向努力邁進。

此外，我們還應該給孩子進行職業訓練，以便他們能對未來的生活做好充分的準備，並且有較大選擇工作的範圍。在某種程度上，我們在這個方向上已經邁出了步伐，也許我們所需要做的就是更加努力。雖然我並不相信能夠給予每一位罪犯單獨的治療，但是我們可以透過集體治療來幫助他們。比如，我們可以和許多罪犯一起討論社會問題，正如我們在這裡討論這些問題一樣，讓他們來回答。我們應該打開他們的心靈之窗，使他們從迷夢中覺醒過來；我們應該把他們從個人世界觀和對自身的低估中解放出來，不讓他們受到不良的影響；我們應該教會他們正確認識自己，增加自信，提升面對生活困難的勇氣。通過這樣的治療，必然能產生良好的效果。

在我們的社會中，我們也應該避開一切可能會引誘罪犯或者貧苦之人犯罪的事物。如果貧富差距太過明顯，富人的炫富、揮霍就會讓窮人產生妒忌心理，當成是對他們的一種挑戰。因此，我們應該剷除奢靡浮華的風氣，炫耀個人財富實在沒有必要。

在矯治落後兒童和問題兒童時，我們已經知道，透過懲罰是起不了作用的。因為他們會認為自己是在與周圍的世界相抗爭，而對這個世界，他們一直是抱持著消極的態度。同樣的道理也適用於罪犯。在這個世界上，我們可以看到警察、法官，甚至是我們制定的法律，都是在向罪犯挑戰，這引起了他們的憤恨之心。威嚇是沒有什麼用的，如果我們更加慎重一些，不提罪犯的姓名和罪行，情況也許會好一些。我們對於罪犯的態度就是錯的。我們不應再以為採取嚴厲制裁或柔和政策能夠改變罪犯，只有讓罪犯進一步了解自己的處境，他們才會改頭換面。當然，我們應該展示我們的仁愛，我們不應該認為罪犯會接受死刑的恐嚇。正如我們前面所見，死刑只會激起他們對整個遊戲的興奮感，甚至在罪犯被執行死刑的最後一秒，他們所想的只是導致他們被捕的最後一個錯誤。

如果破案率能夠得到提升，對我們的工作也是大有好處的。據我所知，至少有百分之四十（或者更多）的罪犯逍遙法外，這樣的事實無疑會助長罪犯的氣焰。幾乎所有的罪犯都有過這樣的經歷，犯了罪卻未被發現。關於這些，有一部分我們已經予以改進了，而且我們也正朝著正確的方向努力。還有一點很重要，我們不應該羞辱罪犯，或者對已經被收押或者已經出獄的罪犯發起挑戰。如果政府能夠找到適當的人選，應該派一個對社會問題有所了解，並且明白合作的重要性的人去矯治罪犯。

— 預防措施 —

如果這些建議得以貫徹實施，我們就能取得諸多成就。但是我們仍然沒法如我們所願地減少犯罪數量。幸運的是，我們另外還有一個非常實用而且非常成功的方法。如果我們能夠培養孩子正確的合作能力，提升他們對別人的興趣，罪犯的數量就會大幅度下降，也能很快就收到效果。這些孩子也因此不會被別人利用或煽動而犯罪。不管他們遇到的是何種麻煩或者困難，他們對別人的關心都不會喪失，他們和別人合作的能力和恰當解決生活困難的能力，都會強過我們這一代。

大部分的罪犯都在很早的時候就開始犯罪。通常他們的犯罪行為會始於青春期，十五歲到二十八歲的年紀是犯罪的高峰期。因此，我們的努力很快便能見到成效。此外，我敢肯定，如果孩子得到的是正確的教育，那他們將會終身受益。獨立、有遠見、積極樂觀而且發展好的孩子對於他們的父母來說，是一種幫助也是一種安慰。合作的精神理應遍布全世界，人類的社會化發展也應該提升到一個更高的水準。我們在影響孩子的同時，我們也應該集中精力影響父母和老師。

現在剩下的唯一問題是我們如何選擇最佳突破點，用什麼方法發展孩子，讓他們能夠處理以後生活中的任務和問題。也許我們可以訓練所有的父母，但是這絕不可能。這個建議不會給我們太多的希望。父母是很難被掌控的，而最需要訓練的父母都是最不願意和我們見面的父母，我們無法接觸到他們，因此我們必須尋找另一種方法。也許我們能夠集中所有孩子，把他們關起來，感化他們，自始至終密切地關注他們。可是這似乎不是一個好的建議。

然而，有一種方法切實可行，可以真正解決問題。我們可以使教師成為推動社會進步的動力：我們可以訓練教師去糾正孩子在家庭中犯下的錯誤，發展並擴大孩子對別人的興趣。這是學校完全自然的發展方向。正是因為家庭不能解決孩子人生中的所有問題，人們才設立了學校，做為家庭的延伸。我們為何不運用學校來使人們更合群、更合作，並對人類幸福更感興趣呢？

我們在當今社會中所享有的各種成果，都是那些具有奉獻精神的人所創造的。如果一個人不與他人合作，對別人不感興趣，不想為人類做出貢獻，那麼他的一生只能是一片荒蕪，死後也不會在這個世界上留下任何的痕跡。只有那些為整個人類做出貢獻的人，他們的精神才會繼續存在。如果我們將此做為教育孩子的基礎，那他們在成長過程中就會自然而然地喜歡上合作。當他們遇到困難的時候也不會退縮，即便是遇到最困難的問題的時候，也有足夠的力量以一種能造福所有人的方式解決這個問題。

第十章

工作與生涯

束縛人類的三大聯繫構成了人類的三個問題：第一個就是職業問題，第二個是與他人相處及合作問題，第三個是兩性問題。

如何平衡三項生命任務

束縛在人類身上的三大聯繫都展示了人生的三大問題，但是沒有一個問題能夠獨立得到解決。解決其中任何一個問題，都需要處理好其他兩個問題為前提。

第一種聯繫產生了職業問題。我們生活在地球的表面，擁有的只是這個星球的資源，如肥沃的土壤、豐富的礦產，以及適宜的氣候和大氣。尋求地球帶給我們的問題的正確答案，一直都是人類的使命。即便是今天，我們也不能確定我們已經找到了令人滿意的答案。在每一個領域，人類都已經在某種程度上成功地解決了這些問題。但是一直都還存在進一步提升和完善的空間。

解決第一個職業問題的最佳方式，是來自第二個問題「人際關係」的解決辦法。第二個問題就是我們同屬於人類，我們的生存必須與他人聯繫在一起。如果我們是生活在地球上的唯一一個人類，那我們的態度和行為都將大不相同。但是，我們還需要時時刻刻考慮到別人，讓自己適應他們，並且關心他們。這個問題的最好解決辦法就是交朋友、建立社群情懷和培養合作能力。只要成功解決第二個問題，對解決第一個問題有莫大幫助。

只有人人都學會了合作，我們才能採取社會分工的方式，分工合作是人類利益的主要保障。如果所有的個體想要靠自己的力量在地球上謀取生計，不願意合作，也沒有過去的合作所留下的成果，那麼人類想要在地球上存活是不可能的。通過社會分工，我們可以充分利用很多不同種類的訓練成果，將許多能力不同的人組織起來，從而使他們對人類共同的幸福都有所貢獻，並保障人類的安全，增加所有社會成員的機會。當然，我們還不能宣稱我們已經完成了我們所能完成的一切，因此我們也不能說社會分工已經得到了充分的發展。即便如此，每一份為了解決工作所付出的努力，都必須在人類勞動分工的框架中進行，並且為別人的利益奉獻出我們的力量。

有些人試圖要逃避工作的問題，不想與他人一起工作，對人類共同的興趣也漠不關心。但是，我們會發現，雖然他們不願意面對工作問題，但實際上卻總是在要求別人的幫助。他們會想方設法地依賴他人的勞動生活，自己卻不做出一點貢獻。這就是被寵壞了的孩子的生命風格：每當問題出現，他們就會要求別人努力幫他們解決。這些被慣壞的孩子破壞了人類的合作，並且將不公平的負擔扔給那些積極解決生活問題的人身上。

我們的第三種聯繫就是我們只能是男性或者女性。在人類生命延續的過程中，我們所處的地位與我們完成自身的性別角色，以及與異性的接近有關。兩性之間的關係也構成了問題。要成功解決愛情和婚姻問題，對勞動分工有所貢獻的職業是不可少的，而且與別人的友善接觸也是必要的。正如我們之前所見，在我們這個時代，對於這個問題的最佳解決辦法就是一夫一妻制，這種辦法還可以滿足社會和勞動分工的要求。從個人對這個問題的解決方式中，可以看出他的合作程度。

生涯的早期探索與學習

人類生活中的這三個問題從來不會單獨出現，它們總是彼此影響，解決了一個問題必定有助於另一個問題的解決。其實，我們可以說，這三個問題其實是同一種情境、同一種問題的各個不同層面，這個問題就是：人類必須在自己所處的環境中維持生命和延續生命。

—家庭和學校的影響—

在此，我們還要再重述一次，女性做為一個母親，對於人類生命的貢獻是不可估量的。如果她關心孩子的一生，使之成為社會中有用而且有所作為的人，如果她致力於擴展孩子們的興趣，養成了他們的合作能力，那麼她對人類的貢獻更是無法估計的，而且再多的嘉獎也不足以回報她的付出。在我們的文化中，母親的工作被過分輕視，常常被視為是一種不吸引人也沒有價值的工作。做為母親的工作只能獲得間接的回報，如果一個女人將照顧孩子做為自己的主業，那她通常會被置於經濟依賴者的位置。但是，一個家庭的成功與否，母親的工作和父親的工作是同等重要的。無論母親是管理家務還是外出工作，她做為母親的工作地位是絕不會比她丈夫低的。

母親是對孩子的職業興趣產生影響的第一個人。孩子在生命最初的四、五年間所受的教育和努力，都會對他在成年之後的主要活動範圍產生決定性的影響。如果有人要求我為其做職業規畫，我通常會先了解他的幼年生活，以及他在幼年時期對什麼東西最感興趣。他在這一時期的記憶，會確切地揭示出他的理想，以及這些理想跟他的精神世界又是怎樣融為一體的。對於最初記憶的重要性，以後我還會回頭再談。

我們接下來的教育是交由學校執行的，而我認為，現在的學校更加注重孩子的未來發展，並訓練他們眼、耳、手等官能的技巧。這種訓練跟一般學科的教學是同等重要的。但是，我們不該忘記，一般學科的教育對孩子的職業發展也很重要。長大之後，我們常常會聽人們說他們已經忘記了自己在學校學會的拉丁語和法語，儘管如此，這些科目仍然是應該教授的。綜合過去的經驗，我們發現在學習這些科目的過程中，可以讓心智的各種功能都有受到訓練的機會。一些現代的學校特別注意職業訓練和工藝訓練，以擴充孩子們的經驗，提升他們的自信。

兒時的宣言

如果孩子打小就知道自己長大之後該做什麼，那麼他的成長便會簡單很多。如果我們問孩子，他們長大之後想要做什麼，大多數的孩子都能給出一個答案。但是，他們的答案通常沒有經過仔細思考，當他們回答自己想要當飛行員或者汽車司機時，他們並不知道自己為什麼會選擇這個職業。我們的任務就是要找出其潛藏的動機，看看他們會朝著哪個方向努力，他們有著哪種目標，當他們實現目標時會是一種怎樣的感受。對於我們提出未來從事什麼職業的問題，孩子給予我們的答案顯示出在他們眼中，只有這種類型的職業才代表著優越性。但是從這種職業中，我們也能發現幫助他們實現目標的其他機會。

十二歲到十四歲的孩子對於自己以後要從事的職業，應該會有比較清楚的認知。假如一個孩子到這個年紀還不知道自己將來要做些什麼，我會感到很遺憾。他表面上缺乏野心並不意味著他對任何事情都沒有興趣。他可能野心勃勃，但是卻不夠勇敢地讓別人知道。在這種情況下，我們必須有耐心地找出他的主要興趣並加以培養。有些孩子在十六歲高中畢業之後，仍然無法確定自己以後想幹什麼。通常，他們都是那些品學兼優的學生，可是對以後的生活卻毫無頭緒。如果詳加觀察，我們會發現這些孩子大多野心勃勃，卻缺乏真正的合作能力。他們在社會分工中找不到自己的位置，也無法找到一個實際的辦法來實現自己的野心。

因此，在孩子還小的時候就該了解清楚他們長大後想要從事何種職業，我在課堂上常常提出這樣的問題，引導孩子去思考，這樣他們才不會忘記這個問題，或者隱瞞自己的答案。我還會問他們為什麼會選擇這個職業，而他們的答案通常會揭示很多東西。孩子的整個人生都可以從他們對職業的選擇上看出來。他們向我們展現了他們所有努力的主要方向以及他們生命中最看重的東西。我們必須讓他們評估自己的選擇，因為我們自己也無從評判哪一種職業比較高尚，哪一種又比較低下。如果他們真的認真工作，而且也專心致力於為別人奉獻出自己，那他們就會像其他人一樣有用、一樣重要。他們唯一的使命就是訓練自己，努力自力更生，並且在社會分工這個框架中追求自己的興趣。

影響生涯選擇的因素

還有些人，不管他們選擇了哪一種職業都不會滿足。他們想要的並不是工作，而是能夠輕鬆保持其優越感的方式。他們不想面對生活中的困難，因為他們覺得，不管生活給予他們何種困難，都是對他們的不公平。這些人都是被寵壞的孩子，總是想要得到別人的幫助。

也許絕大部分的男人和女人確實對自己生命中最初四、五年裡摸索出來的方向感興趣，並且無法忘記這些興趣，但是出於經濟上的考慮，或者父母施加的壓力，他們被迫採取不同的方向，從事自己不感興趣的職業。這是童年時期訓練重要性的另一種標誌。

在職業規畫過程中，早期記憶應該得到慎重的考慮。如果在孩子的早期記憶中，我們能夠看出他對視覺的事物感興趣，我們就能推測他可能更適合一種需要用到眼睛的工作。孩子有時會提到自己記得某人在跟他說話，記得風呼嘯而過或者上課鈴響的聲音，我們由此可以知道他是屬於聽覺型的，比較適合於音樂相關的職業。在其他的記憶中，我們會發現孩子對於運動有點印象，這樣的人需要更多的活動，也許他對戶外工作或者旅行的工作會比較感興趣。

人類最為普遍的追求之一便是勝過家裡的其他成員，尤其是超越父母親。這一點難能可貴，我們非常樂於看到孩子們青出於藍而勝於藍。而且，在某種程度上，如果孩子想要在自己的行業中超越父母的成就，那父母的經驗便會為他們提供一個很好的開始。通常情況下，如果父親是員警，孩子就會從小立志成為一名律師或者法官。如果父親任職於醫院，孩子就會想要成為醫生。如果父親是一名老師，孩子長大以後可能就會成為大學教授。

通過對孩子的觀察，我們常常會看到他們在為自己長大後的工作做著準備。比如，有的孩子想要當老師，我們就能看到他們如何將孩子聚集在一起，跟他們一起玩上課的遊戲。孩子們的遊戲能夠為我們了解他們的興趣所在。一個期待成為母親的女孩子會跟洋娃娃一起玩，訓練自己對小嬰兒產生興趣。這種對於母親角色的興趣應該得到鼓勵。有些人擔心給小女孩玩洋娃娃會將她們與現實世界隔離開來，但實際上，她們是在訓練自己認同母親，並從事母親的工作。在人生的初期進行這種訓練非常重要，晚了的話，她們的興趣也許就已經定型了。有些孩子會對機械和技術表現出濃厚的興趣，如果他們以後能夠真的從事此類的工作，這樣的興趣便會推動他們成就一番事業。

還有一種孩子，他從來都不願意登上領袖的位置，總是想找一個領袖來跟隨，其他的孩子對他來說都可以成為領袖。這並不是一種良好的發展方向，如果可以減輕這種順從的傾向，是最好不過的了。如果我們不能消除它，這樣的孩子在長大之後就無法勝任領袖的角色，而是會選擇一些較為次要的職位，從事一些每一件事情都已經被人預先安排好的例行工作。

在毫無準備的情況下遭遇了死亡或者生病的孩子，通常會對這些事情產生強烈的興趣。他們會想要成為醫生、護士或者藥劑師。我認為，他們的努力應該予以鼓勵，因為我發現擁有這方面興趣而成為醫生的人，很早就開始訓練自己，而且非常熱愛自己的職業。有時候，死亡帶來的打擊會以其他方式進行補償。有著這樣遭遇的孩子，也許會借助藝術或者文學的創作來求取永生，或者獻身於宗教事業。

逃避工作、心不在焉或者懶惰的這種錯誤傾向，也都是起源於幼年時期。當我們看到這樣的孩子在以後的生活中躲避困難時，我們必須用科學的辦法找出其錯誤的成因，並嘗試用科學的方式去糾正他們的錯誤。如果我們生活的星球能夠給我們提供一切，即使不用工作也能擁有一切東西，那麼懶惰就能成為一種美德，勤奮則成了惡習。但是，就我們與所在星球之間的關係來看，真正符合邏輯而且眾所周知的答案是：我們應該工作、合作並且貢獻。從古至今，人類總是能直觀地感受到這一點，我們現在也能從科學的角度認識到其必要性。

在天才身上能明顯地看出早期訓練的重要性。只有那些天資聰慧又能為公眾的利益做出巨大貢獻的人才能稱為天才。我們無法想像那些沒有給造福人類做出任何貢獻的天才，究竟是什麼樣子。藝術，是全人類共同合作的成果，而人類中偉大的天才提升了我們整個文化水準。荷馬在他的詩作中只提到了三種顏色，而用這三種顏色來描述所有的明暗變化和細微差別。是誰教會了我們認識身邊所有色彩之間的關係？我們必須承認，這是藝術家和畫家的功勞。作曲家也將我們的聽覺加以改善，提升到了一個令人驚奇的程度。現在我們之所以能夠吟唱出和諧的音調，而不是像原始人那樣粗糙刺耳，都是拜音樂家所賜，是他們潤澤了我們的心靈，教會我們訓練自己的耳朵和聲音。是誰深化了我們的感受，讓我們談吐幽雅，思想深邃？是詩人。他們豐富了我們的語言，讓其更加靈活多變，使其能夠適用於生活的方方面面。

天才是人類中最有合作能力的人。在他們行為和態度的某些方面，我們也許看不到他們的合作能力，但是我們卻能夠從其生命歷程中，將這種合作能力看得清清楚楚。也許他們並不像普通人那樣容易合作，因為他們選擇了一條布滿了艱辛的崎嶇道路。通常，他們一開始就面臨身體上的缺陷。幾乎在所有的傑出人士身上，我們都能看到一些生理上的不足，但是我們都能看到，雖然他們從一開始就命運多舛，可是他們並沒有放棄拚搏，並最終克服了困難。我們尤其能注意到他們很早就把自己的興趣固定在某個領域，從童年開始就刻苦地訓練自己，不斷提升自己的感知能力，從而使自己能夠接觸並了解這世上的困難。從這種早期的訓練中，我們可以總結出一點，他們的技藝和才華都是自己創造的，沒有一種天賦是天生的或者遺傳的。他們的努力奮鬥，使得後人能享受其成果。

對待工作與生涯的態度

這種早期的努力能夠為以後的成功打下堅實的基礎。假設有一個三、四歲的小女孩單獨玩耍，她開始為她的洋娃娃縫製一頂帽子。當我們看到她在工作的時候跟她說，帽子真漂亮，然後告訴她怎樣才能縫得更好，小女孩便會因此受到鼓舞和激勵，加倍努力提升自己的技能。但是，如果我們跟小女孩說：「把針放下！小心被扎到手。你做帽子幹什麼，想要的話，我們去買頂更漂亮的。」她也許就會放棄自己的努力。如果我們將這兩個小女孩以後的生活做個比較，我們會發現，第一個小女孩會培養出獨特的藝術品味，第二個小女孩卻不知道自己能做什麼，而且會認為買的總是比自己做的好。

如果家庭生活中過於強調金錢的價值，孩子會傾向於憑藉收入的多寡來看待工作問題。這是一個極大的錯誤，因為這種孩子所遵循的不是他能貢獻於人類的某種興趣。確實，每個人都應該謀求自己的生活，而且忽視了這一點的人也確實會成為別人的負擔。但是，如果孩子只對賺錢感興趣，那他們就很容易與合作背道而馳，只尋求自己的利益。如果「賺錢」是他們唯一的目標，而社群情懷又付之闕如，那他們為何不通過搶劫和詐騙來賺錢呢？即便情況不是這麼極端，他在賺錢的同時還殘餘了一點社群情懷，那他也許會成為大富翁，但是對周圍的人來講，他的所作所為沒有任何意義。在這個複雜的時代，通過旁門左道致富和成功是有可能的，甚至一條錯誤的道路有時也會在某些方面取得成功。對此，我們不必感到驚訝。雖然我們不敢承諾，用正確的態度過生活的人一定能夠成功，但是我們敢說，他們的勇氣將會永存，而且他們的自尊也會永遠伴隨其左右。

職業有時候可以用來做為逃避愛情和社會問題的藉口。在我們的社會生活中這樣的例子很多，他們都以工作太忙為藉口來逃避愛情和婚姻的問題。我們發現，工作有時還會被用做婚姻失敗的藉口。一個非常投入事業的人往往會認為：「我太忙了，根本無暇經營婚姻，所以我們會不幸福，跟我一點關係都沒有。」從普遍意義上來講，神經質患者對愛情和社會這兩個問題更是要想方設法逃避。他們不會接近異性，對他人也沒有任何興趣，但他們總是夜以繼日地忙著自己的事業。對於工作，他們白天想，晚上做夢也在想。他們讓自己長期處於一種緊張狀態之中，結果諸如胃潰瘍之類的神經症出現了。然後他們就會將自己的腸胃不適做為逃避社會和愛情問題的藉口。在另外一些案例中，還有些人常常換工作，他們一直以為能夠找到一份更適合自己的工作，但事實是他們根本沒辦法長期堅持做同一份工作，只好不斷地換工作。

對於問題兒童，我們應該做的第一步就是找出他們的主要興趣。由這一點切入，要比鼓勵他們容易得多。至於那些還沒能確定自己職業的年輕人，或是一直以來都有著職業問題的成年人，他們也需要找到真正的興趣，並將其做為職業輔導的基礎，以便更順利地找到真正適合自己的工作。這並不是件容易的事。在我們這個時代，不斷高漲的失業率是一個非常嚴重的問題。這種情況在一個每個人都致力於合作的時代，是不應該存在的。因此我認為，每個已經認識到合作的重要性的人，都應該努力消除失業的現象，使每個願意工作的人都有工作可做。

我們可以通過進一步增設職業學校、技術學校和加強成人教育，來改善這種情況。很多失業者都是沒有一技之長的人，也許他們之中還有一些人對於社會生活根本不感興趣。對於人類來說，許多不學無術和對共同利益不感興趣的人，是社會的沉重負擔。這些人覺得自己一無是處，處於劣勢地位，因此，我們不難理解，為什麼很大一部分的罪犯、神經質患者和自殺者，都是那些沒有接受過培訓、沒有一技之長的人。因為他們缺乏技能，總是落於人後。所有的父母、老師及對人類未來的進步和發展感興趣的人，都應該努力讓孩子們接受更好的訓練，使他們進入成年生活後，不至於在分工制度中無法占有一席之地。

第十一章

個體與社會

我們對人類的所有要求，以及我們能給予他們的最高獎賞，就是他必須是工作中的優秀夥伴，是所有其他人的朋友，是愛情和婚姻中的體貼伴侶。簡言之就是，他必須證明自己是人類的良好同伴。

人類為群體而奮鬥

人類最古老的追求就是與同類團結一致。憑藉對同類的關心，人類才得以成長和進步。家庭就是一個組織，關心家中其他成員非常重要。從原始社會起，人類就有了這種聚集在一起，形成一個家的傾向。原始部落使用共同的符號將族人團結在一起，讓他們產生一種身分認同感，而這種符號的目的就是讓人與人之間共同合作。

—宗教信仰—

最簡單的原始宗教是圖騰崇拜。這個部落也許會崇拜蜥蜴，而另一個部落則會崇拜公牛或者巨蛇。那些崇拜著同樣圖騰的人會聚居在一起，相互合作，部落裡的每一個成員都將其他成員視為自己的兄弟。原始習俗是人類獲取並保持合作精神最偉大的方法之一。在與這些原始宗教相關的節日上，有相同圖騰崇拜的人會歡聚一堂，討論今年的收成，以及如何保護自己，避免遭到天災人禍、洪水猛獸的侵害。這就是節日的意義。

婚姻被視為一種牽涉了整個族群利益的事情。每一個人在自己的族群或者圖騰信仰之外尋求伴侶之時，都必須秉承本族的風俗限制。即便在今天，都必須認識到，愛情和婚姻並不是私人的事情，而是全體人類在心靈和精神上必須參與的使命。結婚之後，雙方都必須負起某些責任，這是整個社會對他們的期待。整個社會都希望夫妻能夠生育健康的孩子，希望這些孩子能夠在充滿合作精神的氛圍中長大。因此，所有人類都應該願意為每一樁婚姻提供支援。原始社會用圖騰和複雜的習俗來控制婚姻的方法，對現在的我們來說都非常荒謬，但是在那個時代，其重要性卻不可忽視，而其真正的目的就是增加人類的合作能力。

宗教中最重要的教誨之一就是「關愛你身邊的人」。對於這一點，我們又看到另一種想要增進人類對同類興趣的努力。有意思的是，站在科學的角度來看，也能夠證實這種努力的價值。被慣壞的孩子會問：「我為什麼要愛我身邊的人呢？他們愛我嗎？」這樣的問題揭示了他們缺乏合作精神，而且只對自己感興趣。那些對自己身邊人不感興趣的人，會遭遇人生中最大的困難，而且會給他人帶來最大的傷害。人類中的所有失敗者都是源自這種人。不同的宗教都以自己的方式去提升其成員的合作能力。我很贊成每一個人都將培養自己的合作能力做為最終目標。彼此爭鬥、指責和輕視都沒有必要。我們還不知道什麼是絕對的真理，因此，通往合作的最終目標也有許多不同的途徑。

— 政治和社會活動 —

我們知道，即便是最佳的政治制度也可能被人濫用，如果不合作，每個人都無法通過政治達到其目的。每一位政治家都必須以人類的進步做為其最終目標，這句話的意思就是要提升人類的合作水準。我們很難評斷哪個政治家或者哪個政黨能夠真正帶來進步，因為每一個人都是以自己的生命風格來做判斷的。但是，如果一個政黨能夠讓人們在其自己的圈子中快樂地合作，我們便有理由認為這個政黨可能會做得更好一些。同樣地，社會運動也是如此。如果參與此運動的那些人的目標，是為了將孩子培養成社會的好公民，並提升他們的社群情懷，使他們尊重自己的傳統，推進他們自己的文化，並用他們認為最好的辦法來改變或制定法律，那麼我們也不應該否定他們的努力。階級運動也是團體的運動和合作，如果其目標是改善人類，我們就不應該反對。

因此，在評判所有社會運動和政治運動之時，我們都應該以它們能否擴展人類對同類的興趣來判斷其價值。而且，我們會發現，有很多辦法可以提升合作能力。也許某些方法要優於其他辦法，但是，只要能夠增進合作，我們就不必因為某種方法不是最好的而去攻擊它。那是毫無意義的。

利己主義

我們無法認同的是那些只關注自身利益的人生觀。這種觀念嚴重阻礙了個人和集體的共同進步。只有通過我們對他人的關心，人類能力才能得到發展。說、讀、寫都是與他人溝通往來的先決條件。語言本身就是人類的共同創作，是社群情懷的產物。相互理解是人與人之間的事，而不是個人能力。理解意味著知道別人心中的想法，它使我們能以共同的意義和別人發生聯繫，去接受整個人類的共同經驗。

有一些人確實在追求著個人的利益和優越感。他們對於生命意義的解讀也很私人，在他們眼中，生命只是為了個人利益而存在。但是，並不是所有人都這麼理解，並不是全世界的人都持有這樣的觀點。因此，我們發現這樣的人無法與他人建立聯繫。當我們看到這種從小就以自我為中心的人時，會發現他的臉上充滿了鄙夷與迷茫的表情。我們也能在罪犯或者精神病患者的臉上看到同樣的表情。他們並不會用眼神與他人交流。他們的世界觀也與別人不同。有時，這樣的孩子和大人甚至連看都不會看身邊的人，他們會轉移視線，看向別的地方。

—心理障礙—

很多的神經質症狀也會揭露一個人的社交失敗，這一點在患有強迫性臉紅、口吃、陽痿或者早洩的人身上體現得尤為明顯。這些症狀都能揭示一個人沒有與他人建立聯繫的能力，缺乏對別人的興趣所造成的。孤立到了最極端的程度就會導致精神病。如果能夠激起患者對他人的興趣，精神病也不是無藥可救。但是與其他症狀相比，精神疾病患者與社會其他成員之間的距離最為遙遠，也許，只有自殺者才能與之匹敵。因此，治療這種疾病需要很多的技巧。我們必須贏得患者的配合，這一點只有極具耐心、用最和善的態度才能做得到。曾有一次我受邀治療一個患有精神分裂症的小女孩。她已患病八年，最近兩年都一直待在精神病院。她會像狗一樣地吠叫，吐口水，扯破自己的衣服，並想要吞下自己的手帕。這些行為都表示了她已經對身為人類毫無興趣。她想做一隻狗，這一點可以理解，她覺得母親把她當狗一樣地看待，也許她的行為是在說：「我見的人越多，就越想成為一隻狗。」我連續八天都一直跟她說話，但她始終不言不語。我沒有放棄並繼續和她說話，三十天之後，她開始開口說話，不過吐字不清、邏輯混亂。對她而言，我是她的朋友，她也因此而受到鼓舞。

這類患者在受到鼓勵之後，會不知道該拿勇氣做什麼。他們對同類的抗拒心理會非常強烈。在某種程度上，我們可以預知他們拿回勇氣之後的行為，但是他們仍然不想合作。他們就像問題兒童，會盡自己所能讓自己變成一個討厭的人：他們會弄壞手中的任何東西，有時候還會攻擊醫護人員。當我繼續跟這個女孩說話的時候，她打了我。我必須思考接下來該做什麼。我認為，讓她吃驚的唯一辦法就是不反抗。這個小女孩的力氣並不大，我任由她打我，並用一種友善的眼神看著她。她沒料到事情會是這樣，這樣的舉動瓦解了她所有的挑釁想法。面對自己已經蘇醒的勇氣，她還是不知道該做什麼。她打碎了我的窗戶，並被玻璃劃傷了自己的手。我並沒有指責她，只是幫她把傷口包紮好。通常處理這類暴力行為的方法，諸如監禁或是把她關在房間裡，都是不對的。如果我們想要贏得這個女孩的配合，就必須另覓他途。想要一個患有精神疾病的人表現得像正常人一樣，那你就犯了一個致命的錯誤。幾乎所有人都會因為精神病患者不能像普通人那樣做出反應，而感到煩惱和憤怒。他們不吃不喝，還要撕扯自己的衣裳等等。隨他們去吧。除此之外，別無他法。

後來，這個女孩痊癒了。一年過去了，她仍然很健康。有一天，在我去她曾住過的精神病院的路上，我遇見了她。「你要去哪兒？」她問我。「跟我來，」我答道，「我要去你曾經住了兩年的那家醫院。」我們一起去了精神病院，我把她過去的主治醫生叫了出來。在我去看其他病人的時候，我讓這位醫生跟她說會兒話。等我回來之後，這位醫生非常地懊惱。「她很健康，」他說，「但是有一件事她讓我很不高興。她不喜歡我。」直到現在，我還是會偶爾去看看這個女孩，十年了，她仍然很健康。她能賺錢養活自己，與其他人相處的很好，見過她的人都不相信她曾有過精神疾病。

有兩種人最能表現出他們與其他人之間的疏離：偏執狂和憂鬱症患

者。患偏執狂的病人認為別人都在密謀與之作對。憂鬱症患者會自我指責，比如他們會說：「我毀了我的整個家庭。」或者「我所有錢都沒了，孩子一定會挨餓的。」然而，當一個人自我指責的時候，那只是表象，其實他們是在指責別人。舉個例子，一個相當有名望和影響力的女人在一次意外之後，就無法繼續參加社交活動了。她的三個女兒都已經結婚成家了，她覺得非常孤單，差不多就在這個時候，她的丈夫又離她而去。之前她的丈夫一直都寵著她，現在她想要找回自己所失去的一切，於是開始周遊歐洲。可是，她再也無法覺得自己像以前那樣受人重視了，當她在歐洲的時候，她便慢慢地患上了憂鬱症，她的新朋友也棄她而去。

憂鬱症是一種障礙，對於處於這種狀況的人來說是一種巨大的考驗。她發電報叫女兒來看望自己，但是每個女兒都有自己的理由，而且沒有一個女兒前去探望她。當她回到家裡之後，她最愛說的話就是：「我的女兒都對我非常好。」她的女兒讓她一個人生活，只請了一個看護工去照顧她，現在她回到了家裡，她們也只是偶爾才會去看她。我們不能光從表面來看她所說的話。她說的那些話是一種指責，每一個了解其情況的人都知道這一點。憂鬱症就像是一種對他人的長期憤怒和指責，目的是要獲得別人的關心、同情和支持，即便患者看似在為自己的愧疚感到沮喪。憂鬱症患者的最初記憶通常都是像這樣：「我記得我想要躺在沙發上，但是哥哥已經躺在那兒了。我大哭起來，他只好讓開。」

憂鬱症患者通常會以自殺做為報復他人的手段，因此醫生最先要考慮的是，避免給他們自殺的藉口。做為治療的第一條準則，我會建議他們「不要做自己不喜歡的事情」來釋放緊張感。這看似沒什麼大不了，但是我相信，這樣做已經觸及到整個問題的根源。如果憂鬱症患者能夠隨心所欲做自己喜歡的事情，他們還能埋怨誰呢？他們還能用何種辦法來報復呢？我跟他們說：「如果你想去看戲，或者想去旅遊，去就是了。如果你走到一半又不想去了，那就回來。」

這種情況對任何人來說都是最好不過了。這能滿足他們的優越感需求。他們就像上帝一樣可以隨心所欲。另一方面，這對於他們的生命風格來說卻不是非常適合。他們想要掌控他人、責怪他人，如果別人都同意他的看法，他就沒有掌控他人的必要了。這種方法通常非常有效，而我的患者也從沒有人自殺。當然，對於這類患者，最好還是要有人在旁看護，但是卻不能讓他們感到受到了嚴密地監控。只要有人看著，就不會出現危險。通常，會有病人這樣回答我：「可是，我沒什麼想做的。」對於這樣的回答我也有充分的準備，因為我已經多次聽到這樣的回答，我通常會說：「那就什麼也別做。」但是，他們又會回答：「我想整天待在床上。」我知道，如果我允許他這樣做，他就不會再想做這件事。我也知道，如果我拒絕，他肯定就會堅持到底。所以，我通常都會同意，這是一種策略。

另一種戰術就是直接攻擊他們的生命風格。我跟他們說：「如果你持續服這個藥，十四天之後你就能痊癒。每天都想想自己該怎樣讓別人高興。」這句話真正的含意其實是點出他們被這樣的想法控制著：「我該怎麼去讓別人厭煩呢？」結果他們回答我的答案非常有意思，有人會說：「這很簡單，我這一輩子不都在做讓別人高興的事兒嗎？」當然，他們從未做過這事兒。我讓他們仔細想想，他們也不會聽我的。我跟他們說：「當你睡不著的時候，你可以利用這些時間想想怎麼讓別人高興，那你就能很快康復了。」第二天，我看到他們的時候，我問他們：「你有照我的話做嗎？」他們會回答：「昨晚我一上床就睡著了。」當然，這些都是在誠摯、友善的態度下進行的，不要表現出一丁點凌駕於他們之上的意思。還有人會回答說：「我做不到，我太煩了。」我會跟他說：「煩惱就煩惱吧，沒什麼關係的，但你可以偶爾考慮一下別人。」我想要將他們的興趣引導到別人身上。很多人說：「我為什麼要讓別人開心？別人又沒有讓我開心。」「你要為你自己的健康著想啊，」我回答，「不為別人設想的人，以後也會像你一樣經受這種痛苦。」很少會有患者回答：「我已經仔細思考過你的建議了。」我所有的努力都是為了提升患者的社群情懷，我知道他們會患這種病是因為他們缺乏合作能力，而我也想要他們認識到這一點。只要他們能夠以平等合作的立場去與他人建立聯繫，他們就會痊癒。

另一種缺乏社群情懷的例子就是所謂的「過失犯罪」。比如，有人點燃火柴丟進森林裡引發火災。或者說，一個工人在完成一天的工作之後將一根電纜橫放在馬路上忘了收起來，不幸絆倒一輛駛過的汽車，司機因此而死亡。在這兩個案例中，當事人都不是故意犯罪。在道德層面上，他們也不用為實際發生的災難感到愧疚。但是他們從小就沒有學會為他人著想，他們不會自發地小心謹慎，保證他人的安全。這是更高程度的一種合作能力的缺乏，我們在不愛乾淨的孩子和那些踩到別人腳趾、摔壞碗盤，或者破壞公共物品的人身上，也能看到這樣的缺陷。

社群情懷與社會平等

不管是在家裡還是在學校裡，都要教會孩子關心他人，我們已經看到了什麼樣的障礙會阻礙孩子的發展。也許社群情懷不是一種遺傳的本能，但是社群情懷的潛能是由遺傳得來的。這種潛能的發展會與父母的教育技巧和他們對孩子的關愛程度相一致，並與孩子對自身環境的評價相一致。如果他們認為其他人充滿敵意，如果他們覺得他們周圍都是敵人，如果他們覺得自己需要隨時保持警惕，那我們就不能期望他們能夠交到朋友，並成為別人的好朋友。如果他們覺得其他人應該成為自己的僕人，他們就不會想要幫助他人，而是掌控他人。如果他們只關心自己的感受，只關注自身的心情和身體上的不舒服，他們就會將自己與這個社會隔絕開來。

我們已經看到，怎樣才能讓孩子最好地感受到他們在家裡跟所有成員都同等重要，並且關心家庭裡其他成員。我們也說過，父母本身彼此應該是要好的朋友，和外界應該建立良好而親密的友誼。只有這樣，他們的孩子才能感受到家庭以外的人和家人一樣值得信任。我們還看到，孩子在學校應該怎樣讓自己成為班級的一員，成為其他孩子的朋友，並且建立他們的友誼。家庭生活和學校生活都是為社會生活所做的準備。家庭和學校的目標就是教育孩子成為一名社會成員，成為全體人類中平等的一分子。只有在這種環境下，他們才能保持自身的勇氣，自信面對生活中的問題，找到這些問題的解決方式，提升他人的利益。

如果他們能夠成為每個人的好朋友，通過有意義的工作為全社會做貢獻，擁有一個幸福的婚姻，他們就永遠都不會覺得低人一等，或者被他人打敗。他們將會覺得這個世界是個友善的地方，不管在哪裡都能怡然自得，遇到的都是他們喜歡的人，在困難面前也能得心應手。他們會感到「這個世界是我的世界，我必須自我規畫，有所作為，而不是觀望等待」。他們將會完全肯定當下的時代只是人類歷史的一個階段，而且他們屬於整個人類進程——過去、現在和未來——中的一部分。他同時也會感到，這個時代正是他能夠完成其創造工作，並且對人類發展貢獻一己之力的時代。確實，人生路上充滿了艱難險阻，這個世界充滿了偏見和不幸，但是這是我們的世界，無論是優勢還是劣勢，這都是我們的時代。這是我們的世界，需要我們努力工作，對其加以改善。我們相信，如果人人都能用正確的方式對待自己的使命，他就能在改進世界的使命中盡到自己的責任。

面對自己的使命，意味著用合作的方式，承擔起解決人生三大問題的責任。我們對人類的所有要求，以及我們能給予他們的最高獎賞，就是他必須是工作中的優秀夥伴，是所有其他人的朋友，是愛情和婚姻中的體貼伴侶。簡言之就是，他必須證明自己是人類的良好同伴。

第十二章

愛情與婚姻

愛情及其最終實現的婚姻，都是對另一半最親密的付出，表現為身體上的相互吸引、相互為伴，然後共同生兒育女。愛情和婚姻對於人類的合作能力非常重要。

愛情、合作與社群情懷

在德國的某個地區有一個古老的風俗，用來測試一對訂婚的男女是否適合婚姻生活。在結婚儀式之前，新郎和新娘會被帶到一塊空地上，空地上會放著一棵被砍倒的樹。在此，舉行儀式的人會給他們一支有雙手柄的鋸子，用來將樹鋸成兩半。這個測試能夠揭示他們願意與對方合作到怎樣的程度。這是一個為兩個人準備的任務，如果他們之間沒有信任，他們就會彼此較勁，最終一事無成。如果其中一方想要帶頭，獨自完成所有事情，那麼，雖然另一方願意讓步，但這個任務會多花一倍的時間。他們兩人都必須主動積極，而他們的主動積極還必須相互協調。這個德國村落早就已經認識到了，合作是婚姻的首要條件。

如果有人問我愛情和婚姻有何意義，我會給出這樣一個也許不太完整的定義：

愛情及其最終實現的婚姻，都是對另一半最親密的付出，表現為身體上的相互吸引、相互為伴，然後共同生兒育女。愛情和婚姻對於人類的合作能力非常重要——這不僅是為了兩個人的利益而合作，還是為了造福人類的合作。

愛情和婚姻構成了造福人類的一種合作精神，這樣的觀點能夠解釋有關這個主題的一切問題。身體上相互吸引是人類最重要的情感衝動之一，對於人類的發展來說非常必要。我常說，每個人都有自身的不足，沒有一個人能夠真正獨立面對地球上的生活。因此，保存人類生命的唯一的辦法就是保證人類的繁衍生息。因此人類才會擁有生殖力，而且會通過身體上的吸引來不斷刺激這種生殖力。

今天，我們會發現很多源自愛情問題的困難和紛爭。結了婚的夫妻會遭遇這些煩惱，父母也會為他們擔心，最後整個社會也都會被牽涉進來。因此，如果我們想要為這個問題找出一個正確的結論，我們的方法就必須客觀而且毫無偏見。我們必須忘記我們所學過的事物，忘記我們付出的努力，在不受其他事情干擾的情況下，用一種充分而且自由的探討方式去進行調查。

我並不是說，我們能夠將愛情和婚姻問題視為一個完全獨立的問題來進行評判。如果這樣，人類永遠不可能完全自由：他們絕不可能純粹根據自己的私人觀點來解決問題。確實，所有人類都會受到某種限制，他們在一個固定的框架中發展，因此他們的決定也會受到框架的束縛。我們在前文中已經講到過這三種限制，由於我們所居住的這個地方只是宇宙的一個小部分，我們的發展也必然受制於我們的環境和條件所造成的這種局限。而且我們是跟其他人生活在一起的，所以我們必須讓自己適應這種生活。人類由兩種不同性別組成，而人類的未來也得益於兩性之間的友好關係。

很明顯，如果一個人關心他的同類以及人類的未來，他所做的每一件事都會為他人的利益著想，他在解決愛情和婚姻問題之時，也會將他人的幸福考慮在內。他不需要知道自己在以這樣的思路去解決問題。如果你問他，他也許無法對自己的目的說得很清楚，但是他會自發地尋求人類的繁榮和進步，我們可以從他所有的活動中看出他的這種關心。

還有一些人對於人類的利益不是很關心。他們不會這麼想：「我能為我身邊的人做些什麼呢？」或「我要怎樣才能跟大家融為一體呢？」他們只想知道：「我能得到什麼好處呢？其他的人有沒有為我著想？我能得到別人的認可嗎？」如果一個人以這種態度面對生活，那他也會以同樣的方式去處理愛情和婚姻問題。他們會一直問：「談戀愛跟結婚有什麼好處？」

愛情並不像有些心理學家所認為的那樣，只是天生的一種功能。性是一種衝動或者本能，但是愛情和婚姻並不單單只是如何滿足性衝動。無論從哪個角度看，我們都會發現我們的衝動和本能都一直在發展、改善和提煉。我們一直在壓抑我們的一些欲望和傾向。比如，為了我們同類的利益，我們已經學會了如何避免彼此冒犯。我們也學會了怎麼保持整潔得體。即便面對饑餓，我們也不是滿足單純的天生欲望，而是在不斷改善食物的味道，提高有關飲食的禮儀。我們的欲望已經適應了我們當下被眾人接受的文化習俗，它們都反映了我們為了人類的利益和我們在社會中的生活所做出的努力。

如果我們將這樣的理解置於愛情和婚姻的問題上，我們會再次發現，不管怎樣都必須考慮全人類的利益。這種利益必須放在首位。討論愛情和婚姻的任何一個方面都沒有任何好處，不管是做出讓步、改變，還是制定新規則、新制度，我們都必須認識到，婚姻和愛情的問題只能從更廣泛的角度去解決，那就是要考慮到全體人類的利益。也許我們應該改進它，也許我們能夠找到更加令人滿意的答案，但是，即使我們能夠找到更好的答案，它之所以完美，也是因為我們已經對以下這個問題進行了更周全的思考——居住在這顆星球上的人類由兩種性別組成，想要人類繼續存活，就必須合作。我們對於這些問題已經考慮了很久，這樣的答案做為一個真理必定會永遠存在。

如何預備婚姻

當我們一開始研究愛情，我們對於愛情問題的第一個發現就是：愛情是兩個個體的一個使命。對很多人來說，這註定是一個新任務。我們早期所接受的教育讓一些人學會了獨立工作，也讓一些人學會了在群體中工作。相對來說，我們對於只有兩人一起工作的經驗會比較少。因此，這種新情況代表著一個問題。但是如果這兩人已經培養起了對他人的興趣，那這個問題就很容易解決，因為到那時候，他們很容易學會對彼此關愛。

我們甚至可以說，為了充分意識到夫妻雙方的這種合作，彼此都應該關心對方。這是愛情和婚姻能夠成功的唯一條件。很多有關婚姻的觀點、很多改良婚姻的建議，其誤導性可以一眼就看得出來。只有每一方都比關心自己更關心對方，夫妻雙方才能相互平等。如果能夠做到這樣親密和相互付出，任何一方都不會覺得受到對方的壓制或者顯得無足輕重。但是，只有在雙方都持有這種態度，平等才有可能出現。每一方都應該盡自己最大努力去讓對方的生活安適和豐富。只有這樣，雙方才會都有安全感，才會感受到自己的重要性，覺得自己被人需要。由此，我們發現了婚姻的基本保障，以及這種關係中幸福的基本含義。這種感覺，是感覺自己有價值，感覺自己不可替代，感覺對方需要自己，感覺自己表現良好，感覺自己是一個體貼的伴侶、一個真正的朋友。

在合作的工作中，是不可能讓一個伴侶接受從屬的地位的。如果其中一方想要支配或者強迫另一方順從，那這兩個人就不可能快樂地生活在一起。其實就我們現在的情況，很多男人（其實也有很多女人）相信，男人應該扮演支配和統治的角色，成為一家之主。這就是很多人婚姻不幸福的原因。沒有人能夠心平氣和地忍受卑下的地位。夫妻必須平等，只有人人平等了，他們才能夠找到困難的解決辦法。比如，他們會在生兒育女的問題上達成共識，他們知道，當他們決定不生孩子時，他們已經做了能影響人類未來的事情。他們也會就小孩的教育問題達成一致，當他們遇到問題時，會儘快設法解決，因為他們知道，不幸福家庭對孩子的成長和發展都非常不利。

一 婚前準備 一

在當今社會，人們很少能夠為合作做好充分的準備。我們的教育一直都關注個人的成功，關心我們能從生活中得到什麼，而不是為之付出什麼。認識到這一點，就很好理解為何當兩個人以婚姻的親密關係住在一起時，他們之間出現任何合作的失敗或者彼此關心的缺失，都會導致不幸的後果。有許多人都是第一次體驗這種親密關係，他們不習慣考慮另一個人的興趣、目標、欲望、期望和野心。他們並沒有準備好共同承擔一切。這就解釋了我們何以在我們周圍看到了很多錯誤，但是現在，我們應該面對這些事實，並學習如何在將來避免錯誤。

如果未經訓練，成人生活的危機是很難得到有效解決的，因為我們一直都是遵照著我們的生命風格做出種種反應。我們的婚前準備並非一蹴而就。我們能夠透過孩子的行為特徵、態度、思想和反應，看出他們是如何訓練自己適應成年生活。通常情況下，他們應對愛情的態度在五、六歲的時候就已經形成。

在孩子發展的早期，我們就能夠看到他們已經形成了自己對待愛情和婚姻的態度。我們不應該假設他們能夠感受到成年人才會有的性衝動。他們會將社會生活的一方面加入他們的觀念中，通常是因為他們覺得這就是社會生活的一部分。愛情和婚姻是他們周圍環境的特徵之一：它們進入了孩子對自己未來的設想之中。孩子必須對它們有某種程度的了解，並對其抱持某種態度。

若孩子在早期就已經表現出了對異性的興趣，並已為自己選好了伴侶，我們絕不能將其理解為錯誤、胡鬧或性早熟。我們也不能嘲笑孩子或者開他們的玩笑。我們應該將其視為他們為愛情和婚姻做準備所邁出的第一步。我們不僅不應該小看這種行為，還應該贊成他們的舉動，因為愛情代表著一種不可思議的挑戰，孩子應該為這種挑戰做準備，他們應該代表全人類接受這一挑戰。因此，我們應該在孩子的心中植入一個典範，讓他們能夠在以後的生活中準備好應對親密關係中的伴侶和朋友。根據我們的觀察，儘管父母的婚姻不和諧也不幸福，孩子也會成為一夫一妻制最忠誠的擁護者。

我從不鼓勵家長過早地跟孩子解釋性方面的問題，或是對他們說太多他們還無法理解的性知識。顯然，孩子對婚姻問題的看法非常重要。如果這個問題不能得到很好的處理，他們就會將性方面的問題看做是一種危險，或者一些與他們毫不相干的事情。就我自己的經驗，在四到六歲的時候，便知道成人性關係的孩子，以及比較早熟的孩子，通常都會在以後生活中對愛情產生更多的恐懼。身體的吸引力也向他們傳遞了危險信號。如果孩子在較為成熟之後，才第一次了解到這些知識，或者體驗到這方面的事情，他們就不會那麼害怕了，而且此時他們在處理男女關係時，犯錯誤的機會也會減少。

關鍵是絕不能跟孩子撒謊，絕不逃避他們的問題，而是去理解隱藏在他們問題之後的東西，並只向他解釋他希望知道的事情，以及我們確知他能夠了解的事情。如果我們所給的資訊過多並造成干擾，只會帶來更多的傷害。對於生命的這個問題，就像別的問題一樣，最好是讓孩子獨立，學會通過詢問來了解他們想知道的東西。如果孩子和父母之間存在信任，就不會造成傷害，他會向父母問他需要知道的東西。

普通人還有這樣一種錯誤認知，認為孩子會聽信同儕的蠱惑而誤入歧途。我還沒有看到過那些在合作和獨立能力都得到健全發展的孩子會因此而受害的。孩子並不會聽信學校同學告訴他們的每一件事情。他們對大部分的流言都抱持批判態度，如果他們不確定自己所聽說的是否屬實，他們就會詢問父母或兄弟姊妹。我也必須承認，我常發現孩子在獲得這些資訊時，會比長輩顯得更加機敏老練。

—伴侶選擇影響—

即使是成人生活中的肉體吸引力，也是在兒童時期便已經訓練出來的。孩子在同理心和吸引力方面所獲取的印象，和當時環境中異性給他的印象等等——都是肉體吸引力的開始。一個男孩從母親、姊妹和身邊的女孩子那裡獲取這些印象，這些人身上一些相似的東西，會影響到他在以後生活中對於有吸引力的人的挑選。有時候，他也會受到藝術作品的影響。每個人都會通過這種方式形成個人審美中的理想典範。因此，廣義地說，在以後的生活中，個體便不再有選擇的自由，他只能依照他成長過程中所形成的觀念來選擇。

這種對美的追求並不是一種毫無意義的追求。我們的審美情緒總是以對人類的健康和進步的感覺為基礎的。我們所有的功能、所有的能力都在這個方向上形成。我們無法逃避它。我們把那些看起來永恆不朽的事物，以及對人類未來和人類利益有用的事物，都稱為美麗的事物。我們希望我們的孩子在此方向上成長。這就是不斷驅使我們前進的美。

有時如果一個男孩與母親無法和諧相處，或者一個女孩無法與父親好好相處（通常發生在婚姻生活不如人意的情況下），他們在以後的生活中就會尋找與父母類型完全相反的人。比如，如果男孩的母親不斷地吹毛求疵，如果他很軟弱又害怕被管教，那麼在他心中能夠吸引他的女性只會是那些不專橫跋扈的女子。他會很容易犯錯：他會尋找順從他的伴侶，可是幸福的婚姻是需要平等相待的。有時候，如果他想證明自己強大有力，他就會尋找看起來強大的伴侶，也許是因為他喜歡強壯，也許是因為他發現她比較有挑戰性的，能夠證明自己強大。假如他與母親之間嚴重不和，他對愛情和婚姻的準備就會受到阻礙，甚至對異性的身體吸引力也會受到限制。這樣的阻礙嚴重程度不一，當阻礙完全形成之時，他就會將異性完全排斥在外。

如果父母婚姻和諧美滿，那我們就能做出更好的準備。孩子最開始是從父母那裡獲得自己對婚姻的印象，大部分生活失敗的孩子都來自婚姻破裂或者生活不幸福的家庭，這一點不足為奇。如果父母本身都不能合作，對他們來說教會孩子合作也是不可能的。通常，我們能從一個人是否成長於一個正常的家庭之中，並觀察他們對父母和兄弟姊妹的態度，來更好地判定他（她）是否適合結婚。

最重要的因素是他們從哪裡獲得他們對愛情和婚姻的準備。但是，在這一點上我們必須小心謹慎。我們已經了解到，決定一個人的並非他周圍的環境，而是他對周圍環境的解讀。他的解讀非常有用。很有可能他在原生家庭中經歷過非常不愉快的家庭生活，但是這可能會激勵他在自己的家庭生活中做得更好，激勵他更加努力地做好結婚的準備。我們絕不能因為他們擁有一個不幸的家庭，就對他們指指點點，加以排斥。

—婚姻中的承諾與責任—

對於婚姻，最糟糕的準備就是個體只學會了怎樣尋求自身利益。如果他從小受到這樣的教育，他就會耗費所有的時間思考如何能從生活中獲得怎樣的樂趣或者興奮。他會一直要求自由和他人的遷就妥協，從不考慮怎麼才能夠讓另一半的生活過得更輕鬆而且豐富多彩。這是一種極為糟糕的生命風格。我將這樣的人比做那些想要從馬尾巴上給馬套上韁繩的人，這樣處理問題是錯誤的。

因此，我們在準備自己對愛情的態度之時，我們不應該不斷地找理由、找逃避責任的藉口。愛情中如果含有猶豫和懷疑，伴侶關係便無法得到良好發展。共同合作需要一生的承諾，除非雙方能夠許下恆久不變的諾言，否則婚姻就不能稱為婚姻。在這樣的承諾中，包括生孩子的決定、教育孩子的決定，包括下定決心培養孩子合作能力，盡力讓他們成為社會中的一名正直有用成員的能力，讓他們成為人類中真正平等且負責任的一員。一段美滿的婚姻是我們撫養未來一代的最佳方法，而且婚姻總是以此為目的。婚姻其實是一項工作，有著它自己的規律和法則。我們不能只是關注其中的一個方面而忽略其他方面，同時還可以不違反合作這一永恆的規律。如果我們只把自己的責任限定為五年，或者將婚姻視為一場實驗，那想要在愛情中真正的親密和真心地付出是不可能的。如果男女雙方為自己預留這樣一條退路，他們就不可能全心全意地對待愛情和婚姻。我們絕不會在人生中的某個嚴肅並重要的任務安排這種「退出選項」。我們不能限制我們的愛。所有試圖從婚姻中尋找解脫的善良好心的人們，都走上了錯誤的道路。他們脫逃的企圖，會損害及束縛走入婚姻的夫婦所做出的努力，這些企圖會讓他們更容易做出退出的選擇，並且逃避自己應該在婚姻中所付出的努力。

我知道，我們社會上存在很多困難，這些困難會阻礙解決愛情和婚姻問題，即便夫妻雙方想要解決，也有可能方法不對。然而我們卻不能因此而捨棄愛情和婚姻，我們要消除的是社會生活中的困難。我們知道甜蜜的愛情關係需要一些特質——忠貞、誠實、值得信賴、無所保留、不自私……如果有人認為不忠沒什麼大不了，那很明顯，這人並沒有為婚姻做好準備。如果夫妻雙方都已經想要保留個人的「自由」空間，那真正的婚姻都不可能得到實現。這不是婚姻。在婚姻中，我們不能隨心所欲。我們已經許下諾言要與對方合作。接下來舉個例子說明一下，這種私人的獨斷獨行為什麼不適合婚姻的成功和人類的利益，為什麼會對夫妻雙方都造成傷害。

我記得有一個個案，一對離過婚的男女結了婚，他倆都是有文化、有教養的人，而且都希望第二次的婚姻會比第一次得到更好的結果。但是，他們不知道自己的第一段婚姻為什麼失敗。他們還沒有認識到是因為自己缺乏社群情懷，就想要這段關係能夠得到提升。他們聲稱自己思想自由，想要一段現代化的婚姻，想要一段兩人永遠都不會厭煩對方的婚姻。因此，他們提議應該給予對方所有的自由，提議雙方都可以隨心所欲，不過，雙方要彼此互相信任，把自己做過的事情告訴對方。

在這一點上，丈夫似乎比妻子更為勇敢。每當他回到家，他都有許多風流韻事可以告訴妻子，而妻子似乎也非常喜歡聽這些風流韻事，並對丈夫的風流倜儻感到非常驕傲。妻子自己也一直都想外出與別人調情，或者發生關係，但是每次她一出門，她的公共場所恐懼症就會發作。她漸漸變得不敢獨自外出，她的焦慮使得自己只能待在房間裡。她一踏出房門就會非常害怕，於是不得不折回來。這種恐懼症表面上看來似乎是對於她所做的決定的一種阻礙，但事情還遠不止於此。最後，因為妻子不敢獨自外出，丈夫便不得不陪在她身邊。你可以從中看出他們是怎麼通過自己的決定打破婚姻的邏輯的。丈夫不能再做一個思想自由之人，因為他必須陪伴在妻子身邊。妻子也因為害怕單獨一個人出門，所以也無法運用她的自由。如果妻子想要被治癒的話，必須先對婚姻有個更好的理解，而丈夫也必須將婚姻視為一種合作性質的伴侶關係。

不適合結婚的人

另外有些錯誤是在婚姻一開始就已經造成了。在家裡得到百般遷就的孩子，結婚之後，就會覺得自己受到了忽視。他們沒有讓自己適應社會生活的要求。嬌生慣養的孩子在婚姻中會越發驕橫跋扈，使其另一半覺得自己是受害者，受到了牽絆和束縛，而開始反抗。當兩個嬌生慣養的孩子結婚生活在一起，觀察他們之間發生的事情很有意思。雙方都想要對方關心自己、注意自己，可是兩人都不會覺得滿意。緊接著他們就會尋找一個逃避的出口，從而其中一方就會開始與別人談情説愛，以期得到更多的關注。有些人無法只和一個人談戀愛，他們必須同時愛上兩個人才會覺得自由。他們可以從這個戀人逃到那個戀人身邊，永遠都不必承擔愛情的全部責任。其實，同時談兩場戀愛等於沒談。還有一些人，他們想要的是一場浪漫、完美或者可望而不可即的愛情。因此，他們沉迷在自己的幻想裡，而不是在現實中尋找一個真實的伴侶。太高的愛情理想會導致他們排除一切的追求者，因為真實生活中的愛人根本無法滿足這種要求。

有許多人，尤其是許多女人，因為成長過程中所犯的錯誤，讓自己成了討厭並拒絕自己性別的人。他們會壓抑自己天生的功能，如果不接受治療的話，他們在生理上也無法完成成功的婚姻。這就是我在之前提到過的術語「男性傾慕」。會出現這種情況是因為我們當今社會對男性的過分看重。如果孩子們懷疑自己的性別角色，他們便會沒有安全感。只要男性化角色成了主導角色，孩子自然就會覺得不管自己是男孩還是女孩，只有男性角色才會引人羨慕。他們將會懷疑自己完成這個角色的能力，會過分強調男子氣概的重要性，而且也會避免受到相關的考驗。

在我們的文化中，我們常常遇到一些不滿自身性別角色的人。這也許就是那些女性性冷感和男性心因性陽痿的根本原因。在這些案例中，總是存在一種透過身體上的反抗，反映出對愛情和婚姻的反抗。除非我們真的相信男女平等，否則這些困難永遠不可能避免。只要有一半的人有理由對自己的地位不滿意，那這種不滿意就會成為婚姻成功道路上的巨大障礙。對此的解決辦法就是讓人們認識到人人生而平等，同時，我們永遠都不應該允許孩子對自己未來的性別角色產生懷疑。

我認為，沒有婚前性行為的愛情和婚姻，才能獲得穩定的親密關係。我已經發現，大部分的男人都不喜歡他們的情人在結婚之前先獻出自己的身體。有時候他們認為這是一種不貞的表現，並會感到震驚。而且，在我們文化的現狀中，如果婚前有了親密關係，女孩的負擔就會沉重許多。如果婚姻是建立在恐懼而不是勇氣上，那同樣也是巨大的錯誤。我們可以理解，勇氣是合作的一個方面。如果男性和女性出於恐懼而不得不和其伴侶結婚，他們便不會真心和對方合作。如果他們選擇的伴侶酗酒、在社會地位或者教育程度上低自己一等，這也是一種錯誤。因為對愛情和婚姻深懷恐懼，所以想要自己的另一半敬仰自己。

友誼和工作的重要性

友誼是訓練社群情懷的方式之一。友誼，我們能從對方的眼神中看出來，能用自己的耳朵聽出來，還能用心感受到。如果一個孩子受到挫折，如果他常常受到監視、被賦予厚望，如果他的成長非常孤獨、沒有朋友、沒有夥伴，他就不會發展出為別人設想的能力。他會一直將自己視為世上最重要的人，常常為了保障自己的權益而非常焦慮。

友誼中得到的訓練是對婚姻的一種準備。假如我們把遊戲當做是一種合作的訓練，它也是很有用的。但是在孩子的遊戲中，我們常常只看到競爭和想要勝出的欲望。如果可以建立一些讓兩個孩子一起工作、一起學習、一起研究課題的環境，那將是很有意義的。我認為，我們不應該低估跳舞這項活動。跳舞是能夠讓兩個人共同參與的一項娛樂活動，我認為，練習跳舞對孩子的發展大有助益。當然我所指的並不是表演性質多於兩人一起跳的舞蹈。但是，如果我們有適合孩子的簡單易學的舞蹈，對他們的成長是很有幫助的。

另一個同樣能夠幫助人們為婚姻做準備的就是工作。在今天這個社會裡，對這個問題的解決必須置於愛情和婚姻問題之前。夫妻雙方或者一方必須擁有一份工作，可以養家糊口、支撐家庭。很明顯的，為婚姻做準備也包括工作上的準備。

求愛

我們可以從一個人對另一半的追求中看出他的勇敢程度和合作能力的高低。在求愛的過程中，每一個人都有著他們自己特別的方法、行為和稟性，這通常與他們的生命風格是一致的。從他們在愛情中的行為方式，我們可以看出他是否對人類的未來給予了肯定的答案，是否有合作能力，或者他是否只對自己感興趣，或臨陣退縮，並以「我將演出一場什麼樣的戲？他們會怎麼想我？」這樣的問題來折磨自己。一個男人在接近女性的時候，也許緩慢且小心翼翼，也許急切而衝動，無論哪種情況，他的求愛方式都已受到了他的目標、他的生命風格等影響。我們不能完全憑一個人在求愛時的表現來判斷他是否適合於結婚，因為此時此地他已經有了一個直接的目標在眼前，而在其他方面，他可能會猶豫不決、優柔寡斷。無論怎樣，這都多多少少地表現出了他的性格。

在我們自身的文化條件下（也只有在這些條件下），人們通常都期望一個男人應該最先表達愛慕之意，應該踏出第一步。因此，只要這種文化要求存在，就有必要訓練男孩子培養出男子氣概——主動、不猶豫、不逃避。然而，只有他們覺得自己是整個社會生活的一部分，並將其利弊視為與自己切身相關時，他才能得到這方面的訓練。當然，女性也可以主動求愛，她們也能表現積極，但是在我們西方目前的文化氛圍中，大家都認為女性應該更加矜持。因此，她們對異性的仰慕只能通過自身的外貌、穿著、行為舉止和談吐方式來表現。因此，我們可以說，男性對異性的接近是簡單而膚淺的，而女性對異性的接近則是深沉而複雜的。

—婚姻中的性—

現在，我們可以做更進一步的探討了。對另一半的性吸引力是絕對必要的，但是它應該沿著為人類造福的方向來塑造。如果伴侶之間真的相互感興趣，他們之間的性吸引力也永遠都不會消退。這方面如果有問題，通常都暗示著興趣的缺乏，這告訴我們，這個人與另一半在一起時，不再能夠感覺到他們之間的平等、友好和合作，也不再想要豐富另一半的生活。

有時候嘴巴會撒謊，大腦也時常不理解，但是身體的功能卻會吐露出實情。如果性的功能有了缺陷，那就意味著兩個人之間未能真正地協調一致。他們已經失去了對對方的興趣，至少，其中一方已經不再想面對愛情和婚姻的問題，而是想另尋出路。

在某種程度上，人類的性衝動與其他生物的性衝動是不一樣的。人類的性衝動具有延續性。這是保障人類繁榮和延續的另一種途徑，通過這種方式，人類數量才能得以增加，不斷繁衍生息，以此來保障其繁榮發展和存活。在其他生物身上，自然已經使用其他方式讓它們得以存活於世，比如，雌性動物會產下數量繁多的蛋，但是其中很大一部分都會夭折，要嘛被弄丟了，要嘛被毀壞了，但是龐大的數量保障了其中一部分能安然無恙地存活下來。

對於人類來說，生小孩也是保障人類存活的一種方式。因此，我們發現，在愛情和婚姻問題中，那些對人類的繁衍生息最感興趣的人最有可能生孩子，而那些無論是有意還是無意中對其同類不感興趣的人，都會拒絕承擔生養的責任。如果他們總是只知索取，而不願付出，他們就不會喜歡小孩子。他們只關心自己，將孩子視為負擔和麻煩，視為某種會占據時間和精力的東西，而他們更願意將時間和精力用在自己身上。因此，我們可以這麼說，為了愛情和婚姻問題得到圓滿解決，下定決心生個孩子是非常必要的。就我們所知，美滿的婚姻是養育人類未來一代最有效的辦法。這一點永遠都是婚姻的一部分。

──一夫一妻制、努力工作以及現實主義──

在我們實際的社會生活中，愛情和婚姻問題的解決辦法就是一夫一妻制。任何想要開始一段這種關係的人，只要他想要這樣的親密奉獻，想要這樣關心另一個人，那這種關係的基礎就不會動搖，他也不會另尋出路。然而我們也知道，婚姻關係並非沒有破裂的可能。不幸的是，這種情況很難避免，但是如果我們將婚姻和愛情視為擺在我們面前的一種社會化功能，一個我們想要完成的使命，那避免婚姻破裂的方法就會簡單得多。因此，我們應該竭盡所能地解決這個問題。

婚姻破裂通常是因為夫妻雙方沒有盡自己最大的努力去共同創造美滿的婚姻，而只是等著坐享其成。如果他們以這種態度來面對這個問題，他們必然會失敗。將愛情和婚姻視為一種理想中的狀態，或者像童話故事那樣總是有個幸福的結局，這樣的想法是錯誤的。兩個人結婚之後，他們婚姻中的各種關係才算正式開始，只有在婚姻之中，他們才會面對生活中的真正使命，才會有真正的機會去為社會創造一切。

婚姻觀與人生觀

另一種觀點，是把婚姻視為一種結束或者一種最終目標，這在我們的文化中非常流行。比如，在許多小說中，我們會留下這樣的印象：一個男人和一個女人一結婚，就一切都圓滿了。然而，這種情形常常被認為是好像婚姻本身已圓滿解決了一切問題，好像他們的工作已經結束了。另外一個要意識到的重要觀點是：愛情本身不會解決一切問題。愛情有許多種，要解決婚姻問題，最好是依靠工作、興趣和合作來解決。

在整個婚姻關係中，並沒有什麼不可思議的事。每個人對待婚姻的態度都是其生命風格的一種表述：如果我們能了解整個人，那麼我們才能理解它。它與他所有的努力和目標都是一致的。因此，我們應該能夠發現，為什麼如此多的人總在尋找解脫和逃避。我可以準確地說出有多少人抱持著這種態度：所有這些人依然都是受寵的孩子。這是我們社會生活中一種危險的類型——那些長大了的受寵的孩子，他們的生命風格還停留在生命最初的四、五年，並始終保持有這種統覺基模：「我能得到我想要的一切嗎？」無論遇到何種情況，他們都會這麼問。如果他們得不到自己想要一切，他們就覺得生活毫無意義。「活著有什麼用，」他們會問，「如果我都得不到自己想要的東西？」他們會變得非常悲觀，構思著一種「求死願望」，把自己弄得病懨懨而且神經質。他們從自己錯誤的生命風格中構建出一套完整的哲學。他們認為自己的錯誤觀念非常特別，而且萬分重要：由於這個世界壓抑了他們的欲望和情緒，所以他們就應該對這個世界產生怨恨的情感。他們就是這樣被撫養長大的。很久以前，他們曾經有過一段美好的生活時光，別人總是能給予他們一切他們想要的東西。因此他們之中有些人仍然以為，只要他們哭鬧的時間夠長，抗議的強度夠大，只要他們拒絕合作，他們就能又一次獲得自己想要的東西。在他們眼中，生活和社會並非一個整體，所以他們只在意自己的私人利益。

結果，他們不想奉獻，只想不勞而獲。婚姻對他們來說，也是淺嘗即止，他們希望有試驗性的婚姻，做個露水姻緣式的夫妻，以及能夠隨意離婚的婚姻。如果有了這樣的想法，在婚姻的一開始，他們就想要自由，想要不忠的權利。可是，如果一個人真的關心另一個人，他就會表現出關心的所有特徵：他必須可靠忠貞，勇於承擔責任，而且成為一位真正的伴侶。我相信，未曾成功地達到這種愛情生活或婚姻生活的人，應該了解一下他的生活犯了什麼樣的錯誤。

關心孩子的幸福也非常重要，如果對婚姻的看法與我所描述的觀點不一致，那麼在撫養孩子的問題上，他們必定會遭遇巨大的困難。如果父母總是吵架或者輕視自己的婚姻，如果他們對婚姻的態度不堅定，將其視為一個無法解決的問題，那這對於解決孩子的撫養問題將會非常的不利，也無法培養孩子的社群情懷。

—解決婚姻問題—

兩個人為什麼無法在一起生活總是有原因的，在某些情況下，他們分開也許會更好。但誰能決定這一切呢？我們是不是要把決策權交給那些根本不明白婚姻就是一項人生使命的人？交給那些只對自己的生命感興趣的人？他們看待離婚的態度與他們看待婚姻的態度是一致的：「我能從中得到什麼好處呢？」

很明顯地，我們不能交由這些人來做決定。我們常常可以看到，有些人一再地結婚又離婚，又一再地犯下同樣的錯誤。那麼應該讓誰來決定呢？也許我們可以設想，如果婚姻中出現了問題，應該由精神病專家來決定是否應該繼續。但這樣會有一個問題，我不知道這個問題是否適用於美國，但在歐洲我已經發現，大多數的精神病專家都認為個人的幸福是最為重要的事情。因此通常來講，如果由他們做決定，他們會建議患者再去找個情人，並將此做為解決問題的辦法。我敢肯定，最後他們一定會改變主意，不再給出這樣的建議。如果他們不理解婚姻和愛情是一個整體，不理解它與我們的生活中的其他問題之間的聯繫，那他們就只能提出這樣的解決辦法。一直以來我想要你們注意到的，就是這種整體性的觀點。

有的人會將婚姻視為個人問題的解決辦法，這種錯誤與上文中的錯誤非常相似。再次強調，我說的並不是美國，但我知道，在歐洲，如果男孩或女孩有神經質傾向，精神病專家就會建議他們去找個情人開始一段性關係。對於成年人，他們也會給出同樣的建議。這種做法其實是將愛情和婚姻貶低為一種靈丹妙藥，結果這個病人更為徬徨，更不知何去何從。正確解決愛情和婚姻問題，是整體人格最完美的實現。與愛情和婚姻問題相比，再也沒有什麼問題能夠帶來更多的幸福，在生活中扮演更有用、更有價值的角色。我們絕不能把它看做是微不足道的小事。我們也不能將愛情和婚姻視為治療犯罪、酗酒或者神經質的良方。神經質患者在他們適合談戀愛和結婚之前，需要得到正確的治療，如果他們在做好正確的準備之前就開始接觸愛情和婚姻，那他們一定會遭遇新的危險和不幸。婚姻是一種非常高的理想，解決這個問題的辦法需要很多的努力和創造性活動，想要解決這個問題，我們必須能夠承擔此類額外的負擔。

有的人會帶著其他某種不正當的目的走向婚姻。有的人為了獲得經濟上的保障而結婚；有的人結婚是因為他們覺得自己對不起那個人；還有的人結婚是因為想要一個服侍他的人。在婚姻中，容不下這些不相干的東西。我甚至還從一些案例中了解到，有的人結婚是為了增加自己所面臨的問題。比如，有個年輕人在自己的學習或者未來事業中遭遇了一些困難，他覺得自己很有可能會失敗，於是他便想要為自己的失敗找一個藉口。因此，他便選擇了結婚，以此自欺欺人。

我們肯定不應該低估或者看不起愛情與婚姻問題。相反，我們需要將其置於一個較高的位置之上。在我所聽過的所有婚姻破裂的案件中，通常都是女性處於劣勢。毫無疑問地，在我們的文化中，男性要比女性輕鬆很多，這就是社會錯誤對待婚姻所產生的結果。個人的反抗根本無法改變這樣的結果。尤其是在婚姻中，個人的反抗會同時影響雙方的關係和對方的利益。只有認識並改變我們文化的整個態度才能克服這種錯誤。我的一個學生，底特律的雷塞教授做了一項調查，發現百分之四十二的女孩希望自己是男孩。這意味著她們對自己的性別很失望。當有一半的人對所處的地位失望、沮喪、不滿時，並且反抗另一半人享有更多自由時，愛情和婚姻問題能輕易解決嗎？綜合以上所述，我們可以得到一個簡單、明顯而且有益的結論：人類並非天生就該一夫多妻或者一夫一妻，但是我們都居住在這個星球之上，即便我們都生而平等，但我們還是被分成了兩種性別。我們已經看到，所有人都必須解決展現在我們面前的三大問題。以上事實都向我們展示了，在愛情和婚姻中個體想要得到最充分、最高度的發展，一夫一妻制才是最好的保證。

阿德勒年譜

一八七〇年／出生

二月七日出生於維也納郊外一個猶太裔中產階級的商人之家。父親利奧波德．阿德勒祖籍奧地利的布爾根蘭，家境富裕。在六個孩子中，阿爾弗雷德．阿德勒排行第二。全家都熱愛音樂。

一八七三年／三歲

從小羸弱，患有佝僂症，行動笨拙，喉部也有毛病。這一年睡在他旁邊的弟弟死了，生性敏感的他已經熟悉死亡的滋味。

一八七四年／四歲

罹患肺炎，幾乎喪命，決心將來要當一名醫生。童年時代在街上被車子撞倒過兩次，這使他對死亡感到極度恐懼。他對音樂有強烈的愛好，能熟記許多歌劇的內容。愛花成癖，醫生認為新鮮空氣對他的佝僂症有益。開始上學。

一八八〇年／十歲

在野外遊玩時傷害了同伴，以後他情願待在家裡讀書和工作。

一八八一年／十一歲

進入中學讀書。

一八八七年／十七歲

高中畢業。進入維也納大學攻讀醫學。

一八九五年／二十五歲

通過考試，取得醫學博士學位。醫學課程中他最感興趣的是病理解剖學。社會問題和社會情況也吸引了他的注意力。

一八九七年／二十七歲

和來自俄國的留學生蒂諾菲佳娃娜結婚。她飛揚跋扈、能言善道，並關心祖國的社會改革。兩人個性、家境迥然不同，初期雖有小摩擦，日後卻能相敬如賓，白頭偕老。

一八九八年／二十八歲

成為一名眼科醫生。不久他成為一個全科醫生，對他來說，病人不只是一個病例，他也在探索人格、心理與身體的全盤情況。良好的診斷和博通的學識贏得了病人的信賴和稱讚。阿德勒熟讀佛洛伊德的名著《夢的解析》，深為折服。行醫生涯中面對束手無策的糖尿病患者，深有挫折感，由於理察·克拉夫特·埃賓的鼓勵，漸漸從一般行醫工作轉到神經科的研究。

一九〇二年／三十二歲

由於他曾在維也納《新自由報》上寫文章為佛洛伊德的觀點辯護，結果佛洛伊德寫信給他，邀他加入佛氏主持的討論會。當年他進入佛氏的集團，並成為集團的領導人之一。後來繼佛氏之後成為維也納精神分析學會主席和《精神分析學刊》的編輯。

一九〇四年／三十四歲

出版第一篇心理學論文《做為教育家的醫生》。

一九〇七年／三十七歲

出版《器官缺陷及其心理補償的研究》，書中包含許多新的概念，此書仍頗受佛洛伊德的影響。

一九一一年／四十一歲

佛洛伊德要求討論會的成員無條件接受他的性理論時，阿德勒起而與之爭辯。他認為性不是人類活動的全部原因，而是個人奮鬥向上的途徑與因素，遂與另外七個成員離開精神分析學會。

一九一二年／四十二歲

率領一群追隨者退出精神分析學會，另組「個體心理學學會」。

一九二〇年／五十歲

聲名遠播，周遊列國，到處講學，一系列重要著作陸續出版。

一九二六年／五十六歲

初抵美國，受到熱烈歡迎。

一九二七年／五十七歲

受聘為美國哥倫比亞大學客座教授。

一九三二年／六十二歲

長島醫學院任命他為醫學心理學客座教授。出版《自卑與超越》。

一九三四年／六十四歲

和夫人定居美國紐約。

一九三五年／六十五歲

創辦了《國際個體心理學學刊》。

一九三七年／六十七歲

受聘赴歐洲講學，由於過分勞累，導致心臟病突發，客死蘇格蘭亞伯丁。

前言

器官缺陷及其心理補償的研究
　Study of Organ Inferiority and Its
　Psychical compensation
社群情懷 social feeling

第一章

意義 meanings
經驗 experience
環境 circumstances
人類需求 human purposes
木頭 wood
石頭 stone
現實 reality
真理 truth
實在面貌 reality
三大聯繫 three main ties
夥伴關係 fellowship
個體心理學 Individual Psychology
工作生涯 occupational
社會人際 social
性 sexual
生命意義 meanings of life
神經質患者 neurotic
同情心 fellow-feeling
私我意義 private meaning
自欺欺人的優越感
　fictitious personal superiority
生理學 physiology
生物學 biology
生命風格 life style
統覺基模 scheme of apperception
決定論 theory of determinism
創傷 trauma
自我決定 self-determined
環境 situations
心智 mind
溺愛 pampering
被忽視的兒童 neglected child
合作 cooperation
個性 personality
神經質傾向 neurotic tendency

第二章

感知 sense
公共場所恐懼症 agoraphobia
單一全面性動作
　one single inclusive movement
最終安全感目標 final goal of security
幻想 phantasy
識別 identification
情緒基調 emotional tone
內疚感 feelings of guilt
姿態 posture
夜尿症 enuresis
脊椎分裂 spina bifida
思覺失調症 schizophrenic

第三章

自卑情結 inferiority complex
優越感 superiority
氣餒 discouragement
水的力量 water power
伊底帕斯情結 Oedipus complex

窄小牢籠 narrow stable
不感興趣的外星觀察者
disinterested observer
人格的整體 Unity of the personality
被釘在十字架上的人 the Crucified
自我限制 self-limitation

第四章

正移情和負移情
negative and positive transferences
生活故事 story of my life
視覺型 visual type
補償 compensation
矮種馬 pony
蘋果酒 cider
焦慮性神經質 anxiety neurosis

第五章

汗浴 sweat baths
意識 conscious
潛意識 unconscious
自我陶醉 auto-intoxication
自我催眠 self hypnosis
隱喻和象徵 metaphors and symbols
辦公室服務 office service
警衛工作 guard
變體 varieties
男性傾慕 masculine protest

第六章

失敗或者勝利機會
opportunities of defeat or victory
性解釋 Sex explanations
道聽塗說 street explanation
約瑟 Joseph
便雅憫 Benjamin
戀母情結 mother complex

第七章

性格教育 character-education
諮詢委員會 advisory council
宿命論 fatalistic
性格特徵 character traits
性本善 good
性本惡 bad
早期開始 early start

第八章

青春期 adolescence
長大 grown-up
青春期叛逆 adolescent negativism
早發失智症 dementia praecox
精神官能症 neurosis
神經質 neurotic
官能性疾病 functional diseases
精神失常 nervous disorders
性衝動 sex drive

第九章

安全的追求 striving of security
自保 self-preservation
混血兒 race mixture
同情心 fellow-feeling
薛爾敦 Sheldon

吉利克 Eleanor T. Glueck
五百起刑事案件
Five Hundred Criminal Careers
死硬分子約翰 Hard boiled John
西部歹徒 western outlaw
壓抑 repression
杜斯妥耶夫斯基 Dostoevsky
罪與罰 Crime and Punishment
拉斯柯爾尼科夫 Raskolnikov
安東・馮・費爾巴哈
Anton von Feuerbach
毒殺女 poison murderess

第十一章

共同符號 common symbols
圖騰崇拜 worship of a totem
階級運動 class movement
偏執狂 paranoia
憂鬱症 melancholia

第十二章

審美情緒 aesthetic emotions
退出選項 get-away
性冷感 frigidity
心因性陽痿 psychic impotence
一夫一妻制 monogamy
求死願望 death wish

阿德勒年譜

利奧波德・阿德勒 Leopold Adler
布爾根蘭 Bungenland
理察・克拉夫特・埃賓
Richard von Krafft-Ebing
長島醫學院
Long Island College of Medicine
國際個體心理學學刊
International Journal of Individual Psychology
亞伯丁 Aberdeen

世紀經典 02

自卑與超越：生命對你意味著什麼

作　　者　阿爾弗雷德・阿德勒
譯　　者　曹晚紅
封面設計　季曉彤　**內文排版**　藍天圖物宣字社
副總編輯　林獻瑞　**責任編輯**　林獻瑞

出 版 者　好人出版／遠足文化事業股份有限公司
新北市新店區民權路108之2號9樓
電話02-2218-1417　傳眞02-8667-1065
發　　行　遠足文化事業股份有限公司（讀書共和國出版集團）
新北市新店區民權路108之2號9樓
電話02-2218-1417 傳眞02-8667-1065
電子信箱service@bookrep.com.tw　網址http://www.bookrep.com.tw
郵撥帳號 19504465 遠足文化事業股份有限公司
讀書共和國客服信箱：service@bookrep.com.tw
讀書共和國網路書店：www.bookrep.com.tw
團體訂購請洽業務部(02) 2218-1417 分機1124
法律顧問　華洋法律事務所　蘇文生律師
印　　製　成陽印刷股份有限公司　電話02-2265-1491

初　　版　2020年5月20日　**定價**450元
初版16刷　2024年7月17日
ISBN　978-986-98693-2-4

國家圖書館出版品預行編目資料

自卑與超越：生命對你意味著什麼／阿爾弗雷德・阿德勒（Alfred Adle）作. -- 初版. -- 新北市：好人出版：遠足文化發行, 2020.05
面；　公分. --（世紀經典；2）
譯自：What life should mean to you
ISBN　978-986-98693-2-4（精裝）
1. 阿德勒(Adler, Alfred, 1870-1937) 2.學術思想 3.精神分析學
175.7　　109005722

讀者回函QR Code
期待知道您的想法